New
쉽고 빠르게 배우는

초스피드
일·본·어

다카하시 마리코·조문희 공저

2

YBM 홀딩스

발 행 인	권오찬
펴 낸 곳	와이비엠홀딩스
저 자	다카하시 마리코, 조문희
기 획	고성희
마 케 팅	고영노, 김한석, 박찬경, 김동진, 문근호
디 자 인	이미화
개정1판 1쇄 발행	2013년 6월 5일
개정1판 11쇄 발행	2025년 8월 20일

서울시 종로구 종로 104
Tel (02)2000-0154 / Fax (02)2271-0172
신고일자 2012년 4월 12일
신고번호 제2012-000060호
홈페이지 www.ybmbooks.com

ISBN 978-89-6348-138-8

저작권자 ⓒ2008 다카하시 마리코, 조문희

이 책의 저작권은 저자에게 있으며, 책의 제호 및 디자인에 대한 모든 권리는 출판사인 와이비엠홀딩스 에 있습니다. 서면에 의한 저자와 출판사의 허락 없이 내용의 일부 혹은 전부를 인용 및 복제하거나 발췌하는 것을 금합니다.
낙장 및 파본은 교환해 드립니다. 구입 철회는 구매처 규정에 따라 교환 및 환불 처리됩니다.

머리말

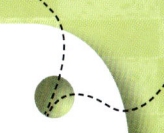

외국어를 공부할 때 **보통 반드시 필요한 것, 반드시 외워야 할 것, 반드시 필요한 도구**가 있어야 한다고 합니다. 첫째 반드시 필요한 것은 시간과 돈입니다. 둘째 반드시 외워야 할 것은 어휘와 문법이고, 마지막으로 반드시 필요한 도구는 좋은 교재와 좋은 선생님, 그리고 좋은 사전을 들 수 있겠습니다.

좋은 교재의 조건으로는 두껍지 않을 것, 실생활에서 사용 빈도가 높은 내용일 것, 각 과가 중요도와 난이도에 의해 배열될 것, 가르치기 쉽고 배우기 쉬울 것 등을 들 수 있겠습니다. 이에 『New 초스피드 일본어 STEP 1, 2』는 위와 같은 좋은 교재의 특성을 갖추려고 노력했습니다.

일본어 규칙이란 여기서는 초급 문형을 말하는데 각 과가 중요도와 난이도에 의해 배열되어 있어서 일본어 문형을 하나하나 쌓아서 점점 길게 말할 수 있는 언어 규칙을 습득할 수 있을 뿐만 아니라, 이러한 배열은 가르치기 쉽고 배우기 쉬운 조건이 될 것입니다. 언어 규칙은 일본어 회화를 잘하기 위해 있는 것입니다.

예를 들어 1과에서「~は ~です」(~은 ~입니다)라는 일본어 규칙을 익히게 되는데 이것은 자기소개를 가능하게 하는 규칙인 것입니다. 『New 초스피드 일본어 STEP 1, 2』는 총 24과로 구성되어 있으므로 여러분은 24개 이상의 기능을 수행할 수 있게 될 것입니다.

『New 초스피드 일본어 STEP 1, 2』의 특징은 다음과 같습니다.

❶ 각 과는 '핵심 문형·본문 회화·연습문제·듣기 훈련·잠깐 휴식'으로 구성했습니다.
❷ '핵심 문형'은 각 과에서 필요한 최소한의 포인트 문형을 제시했습니다.
❸ '본문 회화'는 만화로 구성해 읽기의 지루함을 줄이면서 장면 이해를 도왔습니다.
❹ '연습문제'는 일본어 규칙 습득과 회화 연습이 가능하도록 다양화했습니다.
❺ '듣기 훈련'은 각 과의 목표를 확인함과 동시에 일본어능력시험 N5/N4 수준에서 작성되었습니다.
❻ '잠깐 휴식'에서는 커뮤니케이션에 필요한 언어 관련 문화를 제시했습니다.
❼ 그 밖에 일본어 학습에 필요한 자료들과 연습문제에 대한 정답을 부록에 넣었습니다.

이 교재를 통해 한 분이라도 더 많은 분이 일본어 회화를 즐길 수 있게 되기를 기원합니다. 감사합니다.

다카하시 마리코·조문희

이 책의 구성과 특징

1 『New 초스피드 일본어 STEP 1, 2』는 30년간 강단에서 일본어를 가르쳐 온 저자들의 노하우를 집약해 일본어를 쉽고 재미있게 공부할 수 있도록 만든 교재입니다. 본 교재는 2단계 교재로, 일본어 기초 문법과 회화를 학습하게 됩니다.

2 각 과는 학습자의 이해를 높이기 위해 핵심 문형과 예문을 학습 후, 만화와 함께 자연스럽게 회화를 습득할 수 있도록 구성했고, 연습문제와 듣기 훈련을 통해 학습이 제대로 이루어졌는지 확인해 볼 수 있도록 했습니다.

3 부록에는 본문 회화 해석 및 연습문제 정답, 듣기 훈련 스크립트 등 유용한 부가자료를 수록해 일본어 수업에 활용할 수 있도록 했습니다.

4 무료 MP3 파일(www.ybmbooks.com)에는 핵심 문형, 본문 회화, 듣기 훈련이 실려 있습니다.

핵심 문형 각 과의 핵심 문형을 주요 예문과 함께 실어 학습 능률을 배가시켰습니다.

새로운 단어 각 코너의 새로 나온 단어를 정리했습니다.

회화 쉽고 재미있는 회화문을 통해 앞에서 배운 문형을 실전에 응용할 수 있도록 했습니다.

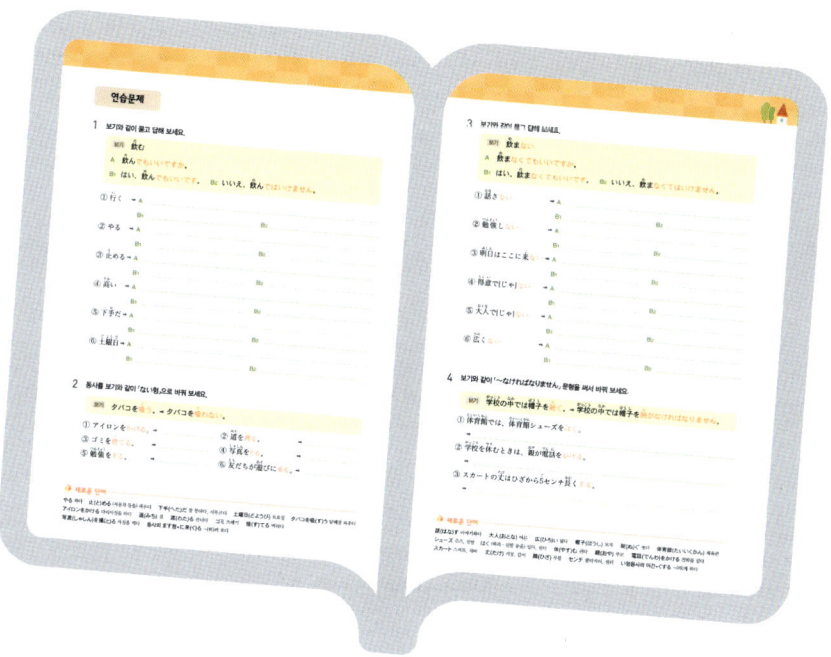

연습문제 다양한 유형의 연습문제를 통해 핵심 문형을 완벽히 습득할 수 있도록 했습니다.

듣기 훈련 각 과의 핵심 문형을 정확히 이해했는지 듣기를 통해 확인할 수 있습니다.

잠깐 휴식 쉬어 가는 코너로, 가볍게 읽으며 일본에 관한 상식과 어휘력을 늘릴 수 있습니다.

목차 & 핵심 문형

- 머리말 · 3
- 이 책의 구성과 특징 · 4

13 MP3-49 ~ MP3-51
朝ごはんは食べてもいいですか · 12

❶ て형+ても[でも]いいです : ~(해)도[(이)라도] 됩니다
❷ て형+ては[では]いけません : ~(하)면[(이)면] 안 됩니다
❸ ~なくてもいいです : ~(하)지 않아도[이[가] 아니라도] 됩니다
❹ ~なくてはいけません[なければなりません] :
　~(해)야[(이)어야] 합니다

▶ 잠깐 휴식 | 젓가락 매너 · 17

14 MP3-52 ~ MP3-54
恋人と行ったほうがいいですよ · 18

❶ 동사의 た형+た[だ]ことがある : ~(한) 적이 있다
❷ 동사의 た형+た[だ]ほうがいい : ~(하)는 편이 좋다
❸ 동사의 ない형+ないほうがいい : ~(하)지 않는 편이 좋다

▶ 잠깐 휴식 | 오미쿠지 · 23

15 MP3-55 ~ MP3-57
DVDを見たり、漫画を読んだりしますね · 24

❶ た형+たり[だり] た형+たり[だり]する :
　~(하)거나 ~(하)거나 하다
❷ ~でしょう : ~(하)겠지요, ~(하)죠

▶ 잠깐 휴식 | 스트레스 해소법 · 29

16 MP3-58 ~ MP3-60
お金を入れてからボタンを押すんですか · 30

❶ 동사의 て형+て[で]から : ~(하)고 나서
❷ 동사의 た형+た[だ]あとで : ~(한) 후에
❸ 동사의 기본형+前に / 동사의 て형+て[で]おく :
　~(하)기 전에 / ~(해) 두다

▶ 잠깐 휴식 | 요리 용어 · 35

17 MP3-61 ~ MP3-63
大事な写真が入れてあります · 36

❶ 자동사+て[で]いる : ~(해)져 있다
❷ 타동사+て[で]ある : ~(해)져 있다

▶ 잠깐 휴식 | 교통수단 등에서 잘 두고 내리는 물건 · 41

18
李さんがくれたんですよ
• 42

❶ くれる / くださる : (남이 나에게) 주다 / (손윗사람이 나에게) 주시다
❷ もらう / いただく : 받다 / (손윗사람에게) 받다
❸ やる / あげる / さしあげる : (손아랫사람·동물·식물에게) 주다 / (남에게) 주다 / (손윗사람에게) 드리다
❹ 日付(날짜)
▶ 잠깐 휴식 | 일본의 국경일 • 47

19
恋人がいるらしいですね
• 48

❶ 동사의 て형+て[で]くれる / もらう / あげる :
  (남이 나에게) ~(해) 주다 / (남에게) ~(해) 받다 / (남에게) ~(해) 주다
❷ ~そうだ : ~(라)고 한다
❸ ~らしい : ~한[인] 것 같다, ~한[인] 듯하다
▶ 잠깐 휴식 | 당신이 좋아하는 스타일은? • 53

20
どこも喜びそうですね
• 54

❶ ~そうだ : ~인[할] 것 같다, ~같아 보이다
❷ ~ようだ : (느낌에) ~인[하는] 것 같다
❸ ~みたいだ : ~인[하는] 것 같다
▶ 잠깐 휴식 | 일본 각 지역의 특산물 • 59

21
どう行ったらいいでしょうか
• 60

❶ ~と : ~(하)면
❷ ~なら : ~(하)면
❸ ~ば : ~(하)면
❹ ~たら : ~(하)면
▶ 잠깐 휴식 | 각종 가게 • 65

22
南怡ソムには行けますか
• 66

❶ 가능표현 : ~(할) 수 있다
❷ 동사의 て형+て[で]みる : ~(해) 보다
❸ 동사의 て형+て[で]しまう : ~(하)고 말다, ~(해) 버리다
▶ 잠깐 휴식 | 전화와 관계있는 말 • 71

목차&핵심 문형

23 MP3-79 ~ MP3-81
留学_{りゅうがく}させる親_{おや}が増_ふえています・72

❶ ~せる・させる : (~에게 ~을[를]) 시키다[(하)게 하다]
❷ ~(よ)うと思_{おも}います : ~(하)려고 생각합니다
❸ 동사의 기본형+つもりです : ~(할) 작정[생각]입니다
▶ **잠깐 휴식** | 일본인의 결혼이야기・77

24 MP3-82 ~ MP3-84
友_{とも}だちに誘_{さそ}われてゴルフを始_{はじ}めました・78

~れる・られる
❶ 受_うけ身_み(수동) : ~을[를] 당하다, ~받다, ~되다
❷ 尊敬_{そんけい}(존경) : ~(하)시다
❸ 自発_{じはつ}(자발) : 저절로 ~(하)다, 자연히 ~(해)지다
▶ **잠깐 휴식** | 다양한 일본어 시험・83

🔥 부록

❶ 동사 활용표・86
❷ い형용사・な형용사 활용표・88
❸ 가족 명칭・90
❹ 때를 나타내는 말・91
❺ 조수사 1, 2, 3, 4・92
❻ 사람의 몸・96
❼ 시간 읽기・97
❽ 숫자 읽기・98
❾ 월・일・요일 읽기・99
❿ 자동사・타동사・100
⓫ 수수표현・101
⓬ 주요 기본 어휘 1, 2・102
⓭ おまけ(덤)・105
⓮ 본문 회화 해석&연습문제 정답・108
⓯ 듣기 훈련 스크립트&정답・114
⓰ 단어 색인・123

등장인물

高橋卓也
다카하시 타쿠야

27세의 일본인 남성, 회사원으로 한국에 파견 근무 중

金・ヨンジン
김영진

27세의 한국인 남성, 회사원

李・ミナ
이미나

26세의 한국인 여성, 김영진의 회사 동료

鈴木由美
스즈키 유미

25세의 일본인 여성, 다카하시의 회사 동료로 일본 거주

본문 회화

13 朝ごはんは食べてもいいですか ・ 12
14 恋人と行ったほうがいいですよ ・ 18
15 DVDを見たり、漫画を読んだりしますね ・ 24
16 お金を入れてからボタンを押すんですか ・ 30
17 大事な写真が入れてあります ・ 36
18 李さんがくれたんですよ ・ 42
19 恋人がいるらしいですね ・ 48
20 どこも喜びそうですね ・ 54
21 どう行ったらいいでしょうか ・ 60
22 南怡ソムには行けますか ・ 66
23 留学させる親が増えています ・ 72
24 友だちに誘われてゴルフを始めました ・ 78

13 朝ごはんは食べてもいいですか
아침밥은 먹어도 됩니까

핵심 문형　MP3-49

1　て형+ても[でも]いいです　~(해)도[(이)라도] 됩니다
　　（허가）
- 食べてもいいです。
- 苦手でもいいです。
- 高くてもいいです。
- 卒業生でもいいです。

2　て형+ては[では]いけません　~(하)면[(이)면] 안 됩니다
　　（강한 금지）
- 食べてはいけません。
- 苦手ではいけません。
- 高くてはいけません。
- 卒業生ではいけません。

3　～なくてもいいです　~(하)지 않아도[이[가] 아니라도] 됩니다
　　（허락, 허가）
- 食べなくてもいいです。
- 得意で[じゃ]なくてもいいです。
- 安くなくてもいいです。
- 卒業生で[じゃ]なくてもいいです。

4　～なくてはいけません[なければなりません]　~(해)야[(이)어야] 합니다
　　（의무, 필요）
- 食べなくてはいけません[なければなりません]。
- 安くなくてはいけません[なければなりません]。
- 得意で[じゃ]なくてはいけません[なければなりません]。
- 卒業生で[じゃ]なくてはいけません[なければなりません]。

새로운 단어

朝(あさ)ご飯(はん) 아침밥　　高(たか)い 비싸다　　苦手(にがて)だ 서투르다　　卒業生(そつぎょうせい) 졸업생　　安(やす)い 싸다
得意(とくい)だ 자신 있다

회화 MP3-50

❶ 病院は何時までに行かなければなりませんか。
❷ 朝ごはんは食べてもいいですか。
❸ 今日の夕ごはんは食べてはいけませんか。

高橋さん、明日は病院に行く日ですね。

はい。朝8時までに行かなければなりません。

8時ですか。早いですね。

はい。いろいろ検査がありますから。

朝ごはんは食べてもいいですか。

いいえ、水も飲んではいけません。

それは大変ですね。検査はどのくらいかかりますか。

3時間ぐらいです。

じゃ、今日の夕ごはんはたくさん食べなければなりませんね。

あはは。そうですね。

새로운 단어

病院(びょういん) 병원   何時(なんじ) 몇 시   ~までに ~까지(한도)   今日(きょう) 오늘   夕(ゆう)ご飯(はん) 저녁밥
明日(あした) 내일   早(はや)い 이르다   いろいろ 여러 가지   検査(けんさ) 검사   ~から ~(하)니까, ~(이)므로   水(みず) 물
飲(の)む 마시다   大変(たいへん)だ 힘들다   掛(か)かる (시간이) 걸리다   たくさん 많이

연습문제

1 보기와 같이 묻고 답해 보세요.

> 보기 飲む
> A 飲んでもいいですか。
> B1 はい、飲んでもいいです。   B2 いいえ、飲んではいけません。

① 行く → A _____
　　　　　B1 _____　B2 _____

② やる → A _____
　　　　　B1 _____　B2 _____

③ 止める → A _____
　　　　　　B1 _____　B2 _____

④ 高い → A _____
　　　　　B1 _____　B2 _____

⑤ 下手だ → A _____
　　　　　　B1 _____　B2 _____

⑥ 土曜日 → A _____
　　　　　　B1 _____　B2 _____

2 동사를 보기와 같이 「ない형」으로 바꿔 보세요.

> 보기 タバコを吸う。→ タバコを吸わない。

① アイロンをかける。→ _____　② 道を渡る。→ _____
③ ゴミを捨てる。→ _____　④ 写真をとる。→ _____
⑤ 勉強をする。→ _____　⑥ 友だちが遊びに来る。→ _____

🔥 새로운 단어

やる 하다　止(と)める (자동차 등을) 세우다　下手(へた)だ 잘 못하다, 서투르다　土曜日(どようび) 토요일　タバコを吸(す)う 담배를 피우다
アイロンをかける 다리미질을 하다　道(みち) 길　渡(わた)る 건너다　ゴミ 쓰레기　捨(す)てる 버리다
写真(しゃしん)を撮(と)る 사진을 찍다　동사의 ます형+に来(く)る ~(하)러 오다

3 보기와 같이 묻고 답해 보세요.

> 보기 飲まない
> A 飲まなくてもいいですか。
> B1 はい、飲まなくてもいいです。　B2 いいえ、飲まなくてはいけません。

① 話さない　→ A _____
　　　　　　　B1 _____　B2 _____

② 勉強しない　→ A _____
　　　　　　　B1 _____　B2 _____

③ 明日はここに来ない　→ A _____
　　　　　　　B1 _____　B2 _____

④ 得意で[じゃ]ない　→ A _____
　　　　　　　B1 _____　B2 _____

⑤ 大人で[じゃ]ない　→ A _____
　　　　　　　B1 _____　B2 _____

⑥ 広くない　→ A _____
　　　　　　　B1 _____　B2 _____

4 보기와 같이 「～なければなりません」 문형을 써서 바꿔 보세요.

> 보기 学校の中では帽子を脱ぐ。→ 学校の中では帽子を脱がなければなりません。

① 体育館では、体育館シューズをはく。
　→ _____

② 学校を休むときは、親が電話をかける。
　→ _____

③ スカートの丈はひざから5センチ長くする。
　→ _____

🔥 새로운 단어
話(はな)す 이야기하다　大人(おとな) 어른　広(ひろ)い 넓다　帽子(ぼうし) 모자　脱(ぬ)ぐ 벗다　体育館(たいいくかん) 체육관
シューズ 슈즈, 신발　はく (하의·신발 등을) 입다, 신다　休(やす)む 쉬다　親(おや) 부모　電話(でんわ)をかける 전화를 걸다
スカート 스커트, 치마　丈(たけ) 기장, 길이　膝(ひざ) 무릎　センチ 센티미터, 센티　い형용사의 어간+くする ~(하)게 하다

듣기 훈련　MP3-51

■ 내용을 잘 듣고 보기와 같이 문장을 완성하세요.

보기1
禁止 → いいえ、(部屋の中でタバコを吸ってはいけません。)

보기2
義務 → いいえ、(学校の中で帽子を脱がなければなりません。)

①
禁止 → いいえ、(　　　　　　　　　　　　　　　　)

②
義務 → いいえ、(　　　　　　　　　　　　　　　　)

③
禁止 → いいえ、(　　　　　　　　　　　　　　　　)

④
義務 → いいえ、(　　　　　　　　　　　　　　　　)

새로운 단어

禁止(きんし) 금지　部屋(へや) 방　義務(ぎむ) 의무　博物館(はくぶつかん) 박물관　名前(なまえ) 이름　お酒(さけ) 술

※ 箸のマナー | 젓가락 매너 |

迷い箸
어느 것을 먹을지 젓가락을 이리저리 옮기지 않는다.

探り箸
좋아하는 것을 찾으려고 젓가락으로 그릇 속을 휘젓지 않는다.

にぎり箸
젓가락을 쥔 손으로 그릇이나 접시를 옮기지 않는다.

箸渡し
젓가락을 이용해서 음식을 건네주거나 건네받지 않는다.

寄せ箸
젓가락을 이용해서 그릇을 옮기지 않는다.

刺し箸
집기 어려운 음식이라도 음식에 젓가락을 꽂지 않는다.

14 恋人と行ったほうがいいですよ
애인과 가는 편이 좋아요

핵심 문형   MP3-52

1 **동사의 た형+た[だ]ことがある** ~(한) 적이 있다   〈과거의 경험〉
- 富士山に登ったことがありますか。
    - はい。/ いいえ。
    - はい、あります。/ いいえ、ありません。
    - はい、登ったことがあります。/
    - いいえ、登ったことがありません[登ったことはありません]。
    - はい、去年、登りました。/ いいえ、まだです。

2 **동사의 た형+た[だ]ほうがいい** ~(하)는 편이 좋다   〈권유, 총고〉
- 一人で行ったほうがいいです。
- 授業を休んだほうがいいです。

3 **동사의 ない형+ないほうがいい** ~(하)지 않는 편이 좋다
- 一人で行かないほうがいいです。
- 授業を休まないほうがいいです。

새로운 단어

恋人(こいびと) 애인　富士山(ふじさん) 후지산(일본에서 가장 높은 산)　登(のぼ)る 오르다　去年(きょねん) 작년　まだ 아직
一人(ひとり)で 혼자서　授業(じゅぎょう) 수업

회화　MP3-53

1. 高橋さんはヨーロッパへ行ったことがありますか。
2. 高橋さんはスペインのどんなところがいいと言っていますか。
3. 高橋さんはスペインは一人で行ったほうがいいと思っていますか。

> 高橋さん、ヨーロッパへ行ったことがありますか。
> はい、あります。
> いつ行きましたか。
> 学生時代に行きました。

> どうでしたか。
> よかったですよ。特にスペインが。
> そうですか。どんなところが。
> 青い空、そして真っ青な海に浮かんだ白い船。ああ、もう一度行きたいなあ。

> そうですか。私もぜひ行きたいですね。「スペイン一人旅」もいいですよね。
> でも、一人じゃもったいないですよ。恋人と行ったほうがいいですよ。

새로운 단어

ヨーロッパ 유럽　スペイン 스페인　ところ 부분, 점　学生時代(がくせいじだい) 학창 시절　特(とく)に 특히　空(そら) 하늘
そして 그리고　真(ま)っ青(さお)だ 새파랗다　海(うみ) 바다　浮(う)かぶ 뜨다　船(ふね) 배
ああ 아아(놀람·기쁨·슬픔 등을 직접적으로 나타내는 소리)　もう一度(いちど) 다시 한 번　~なあ ~구나(감동·영탄의 의미를 나타냄)
ぜひ 꼭　旅(たび) 여행　~よね ~(하)죠(확인의 의미를 나타냄)　もったいない 아깝다

연습문제

1 동사를 보기와 같이 「た형」으로 바꿔 보세요.

> 보기　歩く ➡ 歩いた / 教える ➡ 教えた / 勉強する ➡ 勉強した

① 泳ぐ ➡ _____　② 習う ➡ _____　③ 死ぬ ➡ _____
④ かける ➡ _____　⑤ 見る ➡ _____　⑥ 捨てる ➡ _____
⑦ 来る ➡ _____　⑧ デートする ➡ _____　⑨ 話す ➡ _____

2 그림을 보고 보기와 같이 묻고 답해 보세요.

> 보기
> A　おすしを食べたことがありますか。(食べる)
> B1　はい、食べたことがあります。
> B2　いいえ、食べたことはありません。

①

A　焼酎を_____ことがありますか。(飲む)
B1　_____
B2　_____

②

A　オランダに_____ことがありますか。(行く)
B1　_____
B2　_____

③

A　ゴルフを_____ことがありますか。(する)
B1　_____
B2　_____

🔥 새로운 단어

歩(ある)く 걷다　教(おし)える 가르치다　泳(およ)ぐ 헤엄치다, 수영하다　習(なら)う 배우다, 익히다　死(し)ぬ 죽다
デートする 데이트하다　寿司(すし) 초밥　焼酎(しょうちゅう) 소주　オランダ 네덜란드　ゴルフ 골프

3 보기와 같이 답해 보세요.

> 보기 A 寒けがして頭がいたいです。(薬を飲む)
> B それなら、薬を飲んだほうがいいですよ。

① A 寒けがして頭がいたいです。(病院へ行く)
B _____

② A 寒けがして頭がいたいです。(早く寝る)
B _____

③ A 寒けがして頭がいたいです。(授業を休む)
B _____

4 보기와 같이 답해 보세요.

> 보기 A 寒けがして頭がいたいです。(残業する)
> B それなら、残業しないほうがいいですよ。

① A 寒けがして頭がいたいです。(体を冷たくする)
B _____

② A 寒けがして頭がいたいです。(夜遅くまで勉強する)
B _____

③ A 寒けがして頭がいたいです。(お酒を飲む)
B _____

새로운 단어

薬(くすり)を飲(の)む 약을 먹다　　寒(さむ)けがする 한기가 들다, 오한이 나다　　頭(あたま) 머리　　痛(いた)い 아프다
それなら 그렇다면　　寝(ね)る 자다　　残業(ざんぎょう) 잔업, 야근　　体(からだ) 몸　　冷(つめ)たい 차다　　夜(よる) 밤　　遅(おそ)い 늦다

듣기 훈련　MP3-54

1　내용을 잘 듣고 경험이 있으면 「ある」, 없으면 「ない」를 고르세요.

보기　　①　②　③

(ある /(ない))　　(ある / ない)　　(ある / ない)　　(ある / ない)

2　내용을 잘 듣고 빈칸에 알맞은 말을 써넣으세요.

①

今日は＿＿＿＿＿＿＿＿＿＿＿＿＿＿＿＿＿＿＿＿＿＿＿＿＿＿ほうがいい。

②

お酒は＿＿＿＿＿＿＿＿＿＿＿＿＿＿＿＿＿＿＿＿＿＿＿＿＿＿ほうがいい。

③

店の前には＿＿＿＿＿＿＿＿＿＿＿＿＿＿＿＿＿＿＿＿＿＿＿ほうがいい。

새로운 단어

すばらしい 멋지다　所(ところ) 곳, 장소　どうも 감사합니다(친근한 사이에서 씀)　景色(けしき) 경치　〜になる 〜이[가] 되다
ジェットコースター 제트코스터　乗(の)る (탈것에) 타다　とても 매우, 아주　ごほんごほん 콜록콜록(기침소리)　風邪(かぜ) 감기
昨日(きのう) 어제　店(みせ) 가게

★ おみくじ | 오미쿠지 |

일본 여행에서 빼놓을 수 없는 곳이 신사나 절입니다. 신사나 절에서 참배객이 길흉을 점쳐 보는 제비를 「おみくじ」(오미쿠지)라고 합니다.

「おみくじ」를 뽑아서 「大凶」(대흉)가 나오면 대부분 「大吉」(대길)가 나올 때까지 몇 번이고 「おみくじ」를 뽑습니다. 뽑은 「おみくじ」는 보통 내용이 좋으면 가져가고, 좋지 않으면 신사나 절에 묶어 두고 갑니다. 물론 나쁜 내용의 「おみくじ」라도 자신에게 교훈으로 삼기 위해서 가져가기도 하고, 좋은 내용의 「おみくじ」도 신사나 절과 인연을 맺기 위해 묶어 놓고 가기도 합니다.

15 DVDを見たり、漫画を読んだりしますね
DVD를 보거나 만화를 읽거나 해요

핵심 문형 MP3-55

1 た형+たり[だり] た형+たり[だり]する ~(하)거나 ~(하)거나 하다
　　〈동작이나 상태의 나열〉
- DVDを見たり、漫画を読んだりします。
- 最近は暑かったり、寒かったりします。
- ゴルフは上手だったり、下手だったりします。
- 朝はパンだったり、ご飯だったりします。

2 ~でしょう ~(하)겠지요, ~(하)죠
　　〈추측, 의문, 완곡한 단정〉
- 気分も晴れるでしょう。
- 今日は寒いでしょう。
- だめでしょう。
- ソウルは晴れ[くもり / 雨]でしょう。

🔸 새로운 단어

DVD(ディーブイディー) 디브이디　漫画(まんが) 만화　読(よ)む 읽다　最近(さいきん) 최근, 요즘　朝(あさ) 아침(밥)　パン 빵　ご飯(はん) 밥　気分(きぶん) 기분　晴(は)れる (기분이) 밝아지다, (날씨가) 개다　だめだ 안 되다　ソウル 서울　晴(は)れ 맑음　曇(くも)り 흐림　雨(あめ) 비

회화　MP3-56

❶ 今日はどんな天気でしたか。
❷ 高橋さんと金さんは休みの日に何をしますか。

- 今日は朝から変な天気でしたね。
- そうですね。晴れたりくもったりして落ち着かない一日でしたね。
- こんな日は、気分まで晴れたりくもったりしますよ。どうですか、高橋さん。気分転換にお酒を飲みに行きませんか。
- いいですね。さんせーい。きっと気分も晴れるでしょう。
- ところで、高橋さんは休みの日に何をしますか。
- そうですね。私の場合はお酒を飲みながらDVDを見たり、漫画を読んだりしますね。金さんは。
- 私はドライブをしたり、サウナに行ったりしますね。
- へえ、サウナ。
- ええ。気分爽快ですよ。

🔑 새로운 단어

天気(てんき) 날씨　　休(やす)み 휴일　　日(ひ) 날　　変(へん)だ 이상하다　　曇(くも)る (날씨가) 흐리다, (기분이) 우울해지다
落(お)ち着(つ)く 안정되다　　一日(いちにち) 하루　　こんな 이런　　気分転換(きぶんてんかん) 기분 전환
동사의 ます형+に行(い)く ~(하)러 가다　　賛成(さんせい) 찬성　　きっと 틀림없이　　ところで 그런데　　場合(ばあい) 경우
동사의 ます형+ながら ~(하)면서　　ドライブ 드라이브　　サウナ 사우나　　へえ 에?(감탄하거나 놀랐을 때 내는 소리)　　爽快(そうかい) 상쾌

연습문제

1 그림을 보고 보기와 같이 「～たり～たりする」 문형을 써서 바꿔 보세요.

보기

> 보기　週末 / 勉強する / 映画を見る ➡ 週末は勉強したり、映画を見たりします。

① 今日 / 家でテレビを見る / 子どもと遊ぶ　➡ ＿＿＿＿＿＿＿＿＿＿＿
② 旅行の前に / 飛行機を予約する / ホテルを探す　➡ ＿＿＿＿＿＿＿＿＿＿＿
③ 疲れた時 / 音楽を聞く / ぐっすり寝る　➡ ＿＿＿＿＿＿＿＿＿＿＿
④ 友だちに会った時 / 食事をする / カラオケに行く ➡ ＿＿＿＿＿＿＿＿＿

2 그림을 보고 보기와 같이 「～たり～たりする」 문형을 써서 바꿔 보세요.

보기

> 보기　最近 / 暑い / 寒い ➡ 最近は暑かったり、寒かったりします。

① テスト / 難しい / 易しい ➡ ＿＿＿＿＿＿＿＿＿＿＿
② ゴルフ / 下手だ / 上手だ ➡ ＿＿＿＿＿＿＿＿＿＿＿
③ お昼 / 外食 / お弁当　　➡ ＿＿＿＿＿＿＿＿＿＿＿
④ 会議 / 午前 / 午後　　　➡ ＿＿＿＿＿＿＿＿＿＿＿

새로운 단어

週末(しゅうまつ) 주말　　前(まえ) 전, 이전　　飛行機(ひこうき) 비행기　　予約(よやく)する 예약하다　　ホテル 호텔　　探(さが)す 찾다
疲(つか)れる 지치다, 피곤하다　　ぐっすり 푹(깊이 잠든 모양)　　～に会(あ)う ~을[를] 만나다　　食事(しょくじ) 식사　　カラオケ 노래방
お昼(ひる) 점심(밥)　　外食(がいしょく) 외식　　弁当(べんとう) 도시락　　会議(かいぎ) 회의　　午前(ごぜん) 오전　　午後(ごご) 오후

3 일본 각 지역의 오늘 날씨입니다. 그림을 보고 보기와 같이 (   ) 안에 알맞은 말을 골라 넣어 보세요.

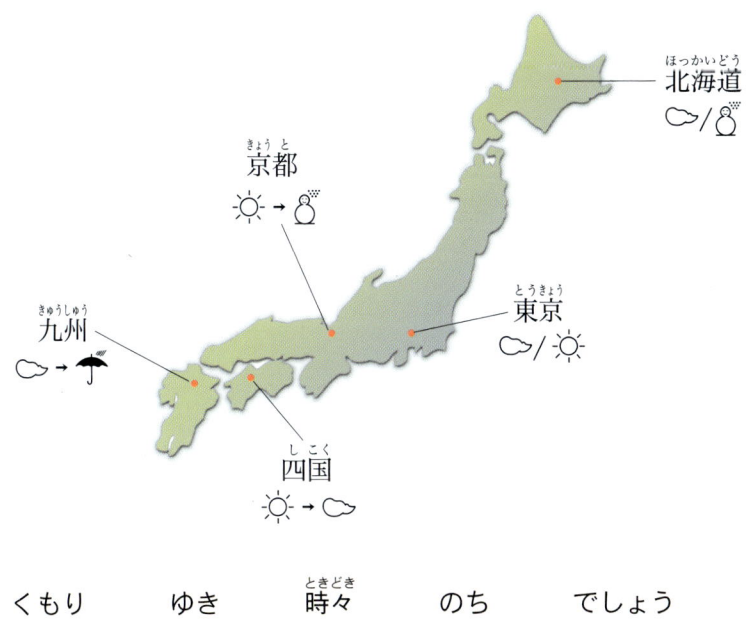

くもり　　ゆき　　時々　　のち　　でしょう

| 보기 | 北海道は、(くもり)、時々ゆきでしょう。 |

① 東京は、くもり(　　　)、晴れでしょう。
② 京都は、晴れのち、(　　　)でしょう。
③ 四国は、晴れ(　　　)、くもりでしょう。
④ 九州は、(　　)(　　)、雨(　　)。

🔥 **새로운 단어**

北海道(ほっかいどう) 홋카이도(일본 지명)　　京都(きょうと) 교토(일본 지명)　　東京(とうきょう) 도쿄(일본 지명)
四国(しこく) 시코쿠(일본 지명)　　雪(ゆき) 눈　　時々(ときどき) 가끔, 때때로　　のち (시간적으로) 후, 뒤

듣기 훈련　MP3-57

1　내용을 잘 듣고 내용과 맞는 것을 고르세요.

보기
車(✓)　　　地下鉄(✓)
バス(　　)　　列車(　　)

①
ドライブをする(　　)　　食事をする(　　)
映画を見る(　　)　　　　買い物をする(　　)

②
電話をかける(　　)　　料理を作る(　　)
ゲームをする(　　)　　ゆっくり休む(　　)

③
本を読む(　　)　　　　寝る(　　)
友だちと話す(　　)　　ケータイで電話する(　　)

④
MP3を聞く(　　)　　　たくさん話す(　　)
よく読む(　　)　　　　単語を覚える(　　)

2　일본 각 지역의 내일 날씨입니다. 내용을 잘 듣고 그 지역의 날씨에 해당하는 그림을 찾아 선으로 연결하세요.

① 北海道　・　　　　　　　　　・ ⓐ ☁→☀
② 名古屋　・　　　　　　　　　・ ⓑ ☀→☁
③ 東京　　・　　　　　　　　　・ ⓒ ☀
④ 大阪　　・　　　　　　　　　・ ⓓ ☁→☂

🔥 새로운 단어

列車(れっしゃ) 열차　　**彼女**(かのじょ) 여자 친구, 그녀　　**ゲーム** 게임　　**ケータイ** 휴대전화(「携帯電話(けいたいでんわ)」의 준말)
どのように 어떻게　　**単語**(たんご) 단어　　**覚**(おぼ)**える** 기억하다, 외우다　　**よく** 자주　　**MP3**(エムピースリー) 엠피쓰리　　**明日**(あす) 내일
全国(ぜんこく) 전국　　**始**(はじ)**めに** 먼저　　**続**(つづ)**いて** 계속해서, 이어서　　**名古屋**(なごや) 나고야(일본 지명)　　**最後**(さいご) 마지막, 끝
天気予報(てんきよほう) 일기예보

* ストレス解消法 | 스트레스 해소법 |

お風呂に入る
목욕을 하다

睡眠をとる
수면을 취하다

おいしいものを食べる
맛있는 것을 먹다

長電話をする
통화를 길게 하다

音楽を聞く
음악을 듣다

買い物をする
쇼핑을 하다

スポーツをする
스포츠를 하다

深呼吸をする
심호흡을 하다

旅行に行く
여행을 가다

お酒を飲む
술을 마시다

散歩をする
산책을 하다

映画を見る
영화를 보다

16 お金を入れてからボタンを押すんですか
돈을 넣고 나서 버튼을 누르나요

핵심 문형   MP3-58

1 동사의 て형+て[で]から   ~(하)고 나서   〔동작의 순서〕

- お金を入れてからボタンを押します。
- カップラーメンは、3分ぐらい待ってから食べます。
- お酒を飲んでからカラオケへ行きます。

2 동사의 た형+た[だ]あとで   ~(한) 후에   〔동작 완료 후〕

- お金を入れたあとで、ボタンを押します。
- 授業が終わったあとで、バスケットをします。
- 桜は、花がさいたあとで、葉っぱが出ます。

3 동사의 기본형+前に / 동사의 て형+て[で]おく   ~(하)기 전에 / ~(해) 두다   〔동작 개시 전〕〔대비, 준비〕

- お金を入れる前に、ボタンを押します。
- お湯を入れる前に、粉末スープを入れておきます。
- お客さんが来る前に、掃除をしておきます。

🔥 새로운 단어

お金(かね) 돈   入(い)れる 넣다   ボタン 버튼, 단추   押(お)す 누르다   カップラーメン 컵라면   待(ま)つ 기다리다
終(お)わる 끝나다   バスケット 농구   桜(さくら) 벚꽃   花(はな) 꽃   咲(さ)く (꽃이) 피다   葉(は)っぱ 잎, 이파리   出(で)る 나오다
湯(ゆ) 끓인 물   粉末(ふんまつ)スープ 분말 수프   お客(きゃく)さん 손님   掃除(そうじ) 청소

회화 MP3-59

❶ 李さんは映画館へ行ってからチケットを買いましたか。
❷ 韓国では切符を買う時、お金を先に入れますか。
❸ 日本ではボタンを押してからお金を入れますか。

李さん、映画は何時からですか。

6時です。

じゃあ、急がなければいけませんね。

大丈夫ですよ。チケットはもう買っておきましたから。

そうですか。さすが、李さんですね。

ところで高橋さん、地下鉄の切符は。

はい、自動販売機で買いました。でも李さん、韓国と日本は反対ですね。

えっ、何が。

韓国ではお金を入れる前に料金のボタンを押しますよね。

ええ、そうですよ。

日本ではお金を入れたあとで、ボタンを押すんですよ。

そうですか。日本ではお金を入れてからボタンを押すんですか。

새로운 단어

映画館(えいがかん) 영화관   チケット 티켓   切符(きっぷ) 표   先(さき)に 먼저   急(いそ)ぐ 서두르다
大丈夫(だいじょうぶ)だ 괜찮다   もう 이미, 벌써   さすが 과연, 역시   自動販売機(じどうはんばいき) 자동판매기   でも 그렇지만
反対(はんたい) 반대   料金(りょうきん) 요금

연습문제

1 보기와 같이 바꿔 보세요.

> 보기 授業が終わります。一緒に食事をします。
> → 授業が終わってから、いっしょに食事をします。

① バスを降ります。家まで5分ぐらい歩きます。
　→ _____

② 大学を卒業します。就職します。
　→ _____

③ 3分ぐらい待ちます。食べます。
　→ _____

④ 友だちにメールを書きます。寝ます。
　→ _____

2 보기와 같이 바꿔 보세요.

> 보기 会社が終わります。日本語のクラスに行きます。
> → 会社が終わったあとで、日本語のクラスに行きます。

① 就職します。結婚します。
　→ _____

② 授業が終わります。バスケットをします。
　→ _____

③ 桜は、花がさきます。葉っぱが出ます。
　→ _____

🍀 새로운 단어

一緒(いっしょ)に 함께, 같이　　降(お)りる (탈것에서) 내리다　　大学(だいがく) 대학　　卒業(そつぎょう)する 졸업하다
就職(しゅうしょく)する 취직하다　　メール 메일　　クラス 수업　　結婚(けっこん)する 결혼하다

3 결혼식을 하기 전에 무엇을 준비해 두면 좋을까요? 그림을 보고 보기와 같이 「～ておく」 문형을 써서 바꿔 보세요.

보기
しょうたいきゃく
招待客のリストを作る。
→ 招待客のリストを作っておきます。

①
ゆびわを買う。
→ _____

②
式場を決める。
→ _____

③
家具を買う。
→ _____

④
招待状を送る。
→ _____

⑤
料理を決める。
→ _____

⑥
ハネムーンの予約をする。
→ _____

⑦
ウエディングドレスを選ぶ。
→ _____

새로운 단어

招待客(しょうたいきゃく) 초대 손님　リスト 리스트　指輪(ゆびわ) 반지　式場(しきじょう) 식장　決(き)める 결정하다, 정하다
家具(かぐ) 가구　招待状(しょうたいじょう) 초대장　送(おく)る 보내다　ハネムーン 허니문, 신혼여행　予約(よやく) 예약
ウエディングドレス 웨딩드레스　選(えら)ぶ 고르다

듣기 훈련 MP3-60

1 내용을 잘 듣고 어느 것이 먼저인지 알맞은 그림을 고르세요.

보기 a (✓) b (   )   ① a (   ) b (   )

② a (   ) b (   )   ③ a (   ) b (   )

2 스즈키 씨의 하루 일과입니다. 내용을 잘 듣고 일어난 순서대로 (   ) 안에 번호를 써넣으세요.

(   ) (   ) (   )

(   ) (   ) (   )

새로운 단어

手(て) 손   洗(あら)う 씻다   ガスレンジをつける 가스레인지를 켜다   窓(まど) 창문   開(あ)ける 열다   テニス 테니스
誕生日(たんじょうび) 생일   ～ので ～(이)니까, ～(하)니까   プレゼント 선물

✱ 料理の言葉 | 요리 용어 |

切る
자르다

お湯をわかす
물을 끓이다

ご飯を炊く
밥을 짓다

蒸す
찌다

煮る
익히다, 삶다

炒める
볶다

焼く
굽다

漬ける
절이다, 담그다

みじん切りにする
잘게 다지다

ソースをかける
소스를 뿌리다

小麦粉をこねる
밀가루를 반죽하다

揚げる
튀기다

17 大事な写真が入れてあります
중요한 사진이 들어 있습니다

핵심 문형 MP3-61

1 자동사+て[で]いる ~(해)져 있다 〔단순 상태〕

- お金がたくさん入っています。
- 窓が開いています。
- 電気がついています。
- テレビが消えています。

2 타동사+て[で]ある ~(해)져 있다 〔의도적 상태〕

- 大事な写真が入れてあります。
- 窓が開けてあります。
- 電気がつけてあります。
- テレビが消してあります。

🔔 새로운 단어

大事(だいじ)だ 소중하다　写真(しゃしん) 사진　入(い)れる 넣다　入(はい)る 들다, 들어 있다　開(あ)く 열리다　電気(でんき) 전등　つく 켜지다　テレビ 텔레비전, TV　消(き)える 꺼지다　開(あ)ける 열다　つける 켜다　消(け)す 끄다　p.100 「자동사・타동사」 참고

会話 MP3-62

❶ 高橋さんはサイフをどこに入れておきましたか。
❷ サイフの中にお金はどのくらい入っていますか。
❸ お金のほかに何が入っていますか。

- あれ、おかしいなあ。
- どうしたんですか。
- サイフがないんです。
- サイフ。
- たしかこの上着のポケットに入れておいたんですが。
- どんなサイフですか。
- 黒いサイフです。
- お金がたくさん入っているんですか。
- いいえ、お金は少しです。
- お金のほかに何が入っていますか。
- カードと大事な写真が入れてあります。
- それは困りましたね。どこかに置き忘れたんじゃないんですか。
- もう一度よく探します。

🔥 새로운 단어

財布(さいふ) 지갑   ほかに 이외에, 그 밖에   あれ 어(놀라거나 의아해할 때 내는 소리)   おかしい 이상하다   ～なあ ～군, ～데
たしか 분명히, 아마   上着(うわぎ) (한 벌 중의) 윗옷, 상의   ポケット 포켓, 주머니   黒(くろ)い 검다   少(すこ)し 조금   カード 카드
困(こま)る 곤란하다   置(お)き忘(わす)れる 물건을 놓아둔 채 잊고 오다   よく 잘   探(さが)す 찾다

연습문제

1 보기와 같이 ( ) 안에 알맞은 「자동사·타동사」를 골라 넣어 보세요.

- 止(と)まる / 止(と)める
- かかる / かける
- 消(き)える / 消(け)す
- 入(はい)る / 入(い)れる
- 開(あ)く / 開(あ)ける

보기 車(くるま)が(止(と)まっ)ています。/ 車(くるま)が(止(と)め)てあります。

① かぎが(　　　)ています。/ かぎが(　　　)てあります。
② 窓(まど)が(　　　)ています。/ 窓(まど)が(　　　)てあります。
③ 電気(でんき)が(　　　)ています。/ 電気(でんき)が(　　　)てあります。
④ 水(みず)が(　　　)ています。/ 水(みず)が(　　　)てあります。

2 그림을 보고 보기와 같이 바꿔 보세요.

보기
水(みず)を入(い)れる。

진행	완료	상태

水(みず)を入(い)れました。
水(みず)を入(い)れています。　　水(みず)が入(い)れてあります。

①
車(くるま)を止(と)める。
→ _____

②
ドアを閉(し)める。
→ _____

③
掃除(そうじ)をする。
→ _____

④
料理(りょうり)を作(つく)る。
→ _____

새로운 단어

止(と)まる (자동차 등이) 서다　　止(と)める (자동차 등을) 세우다　　掛(か)かる 잠기다, 채워지다　　掛(か)ける 잠그다, 채우다
鍵(かぎ) 열쇠　　水(みず) 물　　ドア 문　　閉(し)める 닫다　　p.100 「자동사·타동사」 참고

3 (1) 무엇을 하고 있나요? 창문은 열려 있나요? 스탠드·TV는 켜져 있나요?
그림을 보고 「타동사+ている(진행)」, 「자동사+ている(단순 상태)」 문형을 써서 방 안의 상태를 말해 보세요.

① お母さん / 寝る
→ _____

② スタンド / つく
→ _____

③ お父さん / お茶を飲む
→ _____

④ 子ども / 遊ぶ
→ _____

⑤ テレビ / つく
→ _____

보기 窓 / 開く ➡ 窓が開いています。

(2) 집에 도둑이 들었습니다. 「타동사+てある(의도적 상태)」 문형을 써서 도둑이 든 방 안의 상태를 말해 보세요.

① がくぶち / 壊す
→ _____

② カレンダー / 破る
→ _____

③ スタンド / たおす
→ _____

④ コップ / おく
→ _____

⑤ テレビ / 消す
→ _____

보기 窓 / 割る ➡ 窓が割ってありました。

🔥 **새로운 단어**

スタンド 스탠드   茶(ちゃ) 차   割(わ)る 깨다   額縁(がくぶち) 액자   壊(こわ)す 부수다, 파괴하다   カレンダー 달력
破(やぶ)る 찢다   倒(たお)す 넘어뜨리다   コップ 컵

듣기 훈련   MP3-63

1 내용을 잘 듣고 「あります / います」 중에서 알맞은 것을 고르세요.

보기

((あります) / います)

①
(あります / います)

②
(あります / います)

③
(あります / います)

④
(あります / います)

2 내용을 잘 듣고 내용과 맞는 그림을 고르세요.

①
a (   )   b (   )

②
a (   )   b (   )

새로운 단어

机(つくえ) 책상   横(よこ) 옆   花瓶(かびん) 꽃병   駐車場(ちゅうしゃじょう) 주차장   右側(みぎがわ) 오른쪽
始(はじ)まる 시작되다   バケツ 양동이   さっき 조금 전   会議室(かいぎしつ) 회의실   会議(かいぎ) 회의

잠깐 휴식

＊ 乗り物などに、置き忘れの多いもの
| 교통수단 등에서 잘 두고 내리는 물건 |

携帯電話
휴대전화

かばん
가방

書類
서류

ノートパソコン
노트북 컴퓨터

折り畳み傘
접이우산

小物
소품

腕時計
손목시계

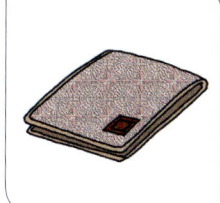
財布
지갑

タブレット
태블릿

デジカメ
디지털카메라

本
책

現金
현금

18 李さんがくれたんですよ
이미나 씨가 줬어요

핵심 문형   MP3-64

「私」는 보통 생략된다.

1 くれる / くださる (남이 나에게) 주다 / (손윗사람이 나에게) 주시다
- 金さんが(私に)花をくれました。
- 先生が(私に)花をくださいました。

2 もらう / いただく 받다 / (손윗사람에게) 받다
- 金さんに花をもらいました。
- 先生に花をいただきました。

내가 남에게, 제삼자가 제삼자에게 주다

3 やる / あげる / さしあげる
(손아랫사람・동물・식물에게) 주다 / (남에게) 주다 / (손윗사람에게) 드리다
- 花に水をやりました。
- 高橋さんに花をあげました。
- 先生に花をさしあげました。

4 日付(날짜)
- お誕生日は何月何日ですか。
- 9月11日です。

🔥 새로운 단어

誕生日(たんじょうび) 생일　何月何日(なんがつなんにち) 몇 월 며칠　p.101「수수표현」참고, p.99「월・일・요일 읽기」참고

회화 MP3-65

❶ 高橋さんは李さんにネクタイをもらいましたか。
❷ 金さんは李さんの誕生日に何をあげますか。
❸ 李さんの誕生日はいつですか。

高橋さん、いいネクタイしていますね。
あっ、これですか。どうも。
自分で選びましたか。
いえ、李さんがくれたんですよ。

えっ、本当に李さんにもらいましたか。
あはは。じょうだんですよ。
あ〜、びっくりした。ところで高橋さん、いっしょにスカーフを選んでください。

スカーフ。あっ、そうか。李さんにあげるんですね。
はい、誕生日のプレゼントに。
そうですか。李さんの誕生日はいつですか。
9月11日です。

새로운 단어

ネクタイ 넥타이   自分(じぶん)で 스스로   選(えら)ぶ 고르다   いえ 아뇨   えっ 어(놀라거나 이상하게 생각할 때 내는 소리)
本当(ほんとう)に 정말(로)   冗談(じょうだん) 농담   びっくりする 깜짝 놀라다   スカーフ 스카프   プレゼント 선물

연습문제

1 다음 중에서 ( ) 안에 알맞은 말을 골라 넣어 보세요.

くれる　　くださる　　もらう　　いただく　　やる　　あげる　　さしあげる

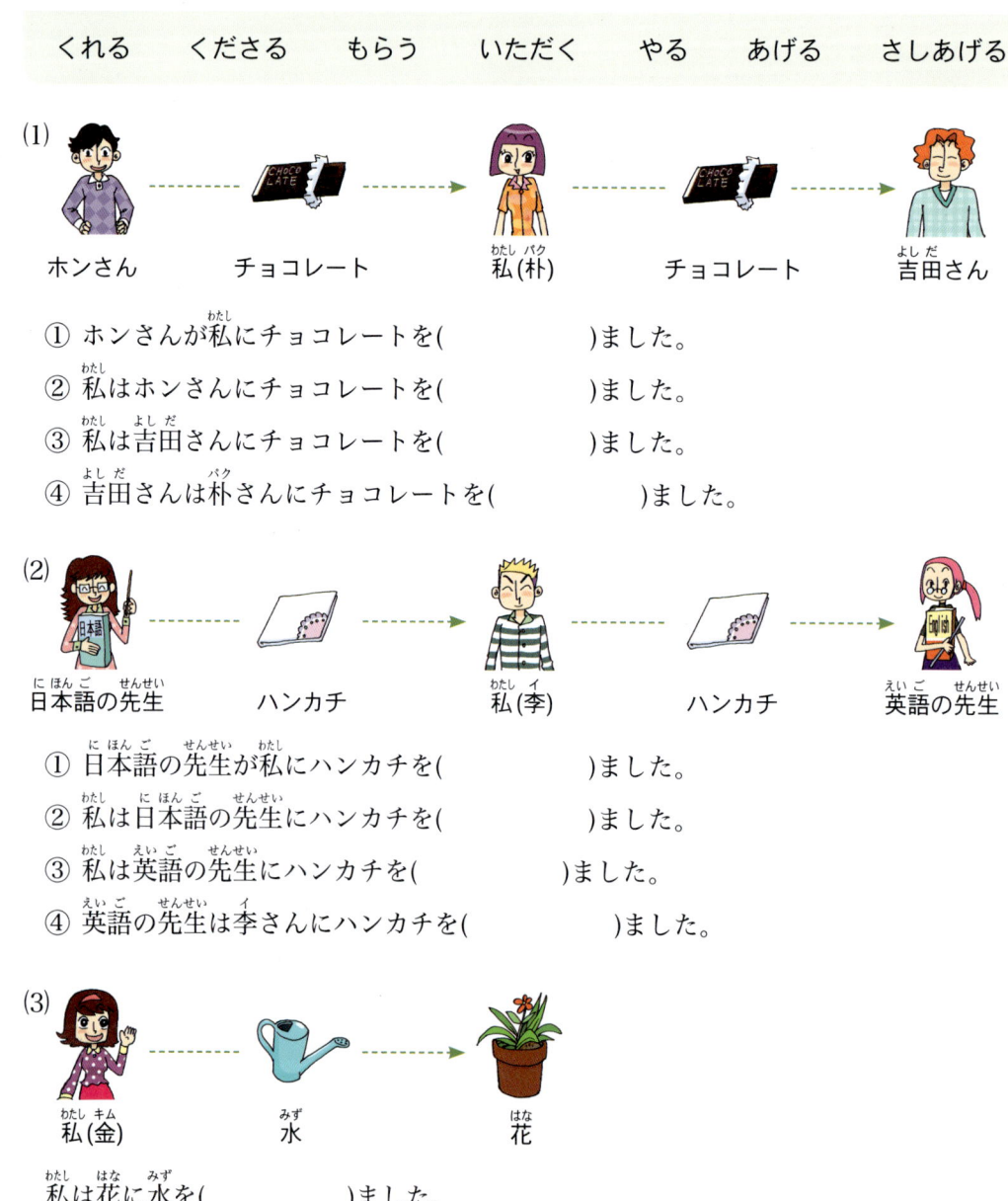

(1)
① ホンさんが私にチョコレートを(　　　　)ました。
② 私はホンさんにチョコレートを(　　　　)ました。
③ 私は吉田さんにチョコレートを(　　　　)ました。
④ 吉田さんは朴さんにチョコレートを(　　　　)ました。

(2)
① 日本語の先生が私にハンカチを(　　　　)ました。
② 私は日本語の先生にハンカチを(　　　　)ました。
③ 私は英語の先生にハンカチを(　　　　)ました。
④ 英語の先生は李さんにハンカチを(　　　　)ました。

(3)
私は花に水を(　　　　)ました。

새로운 단어

チョコレート 초콜릿　　日本語(にほんご) 일본어　　先生(せんせい) 선생(님)　　ハンカチ 손수건　　英語(えいご) 영어
p.101 「수수표현」 참고

2 보기와 같이 묻고 답해 보세요.

> 보기 李さん / 9月11日 / お花
>
> A 李さん、お誕生日はいつですか。
> B 誕生日ですか。9月11日です。
> A 何かもらいましたか。
> B はい、お花をもらいました。/ いいえ、何ももらいませんでした。

① 田中さん / 8月8日 / ケーキ

A _____
B _____
A 何かもらいましたか。
B _____

② 朴さん / 2月14日 / チョコレート

A _____
B _____
A 何かもらいましたか。
B _____

③ 金さん / 12月31日 / 何ももらわなかった

A _____
B _____
A 何かもらいましたか。
B _____

④ 鈴木さん / 1月1日 / お年玉

A _____
B _____
A 何かもらいましたか。
B _____

🔥 새로운 단어

ケーキ 케이크　お年玉(としだま) 세뱃돈　p.99「월·일·요일 읽기」참고

듣기 훈련　MP3-66

1 내용을 잘 듣고 내용과 맞는 그림에 번호를 써넣으세요.

(　) 　(　) 　(　) 　(　) 　(보기) 　(　)

2 스즈키 씨는 생일날 누구에게 무엇을 받았습니까? 내용을 잘 듣고 알맞은 말을 써넣으세요.

보기

(金さん(キム))に　　(花(はな))をもらいました。

① (　　)に　　(　　)をもらいました。

② (　　)に　　(　　)をもらいました。

③ (　　)に　　(　　)をいただきました。

④ (　　)に　　(　　)をもらいました。

🔖 새로운 단어

正月(しょうがつ) 설　　クリスマス 크리스마스　　クリスマスカード 크리스마스카드　　バレンタインデー 밸런타인데이
結婚式(けっこんしき) 결혼식　　結婚指輪(けっこんゆびわ) 결혼반지　　卒業式(そつぎょうしき) 졸업식　　おめでとう 축하해
わあー 와―　　CD(シーディー) 시디　　それから 그리고　　まだ 아직　　妹(いもうと) (자기) 여동생　　ぬいぐるみ 봉제인형
おっ 아(놀라거나 할 때 내는 소리)

日本の国民の祝日 | 일본의 국경일 |

1月1日(いちがつついたち)	元旦(がんたん) 설날
1月(いちがつ)の第2月曜日(だいにげつようび)	成人(せいじん)の日(ひ) 성인의 날
2月11日(にがつじゅういちにち)	建国記念(けんこくきねん)の日(ひ) 건국기념일
3月20日(さんがつはつか)ごろ	春分(しゅんぶん)の日(ひ) 춘분
4月29日(しがつにじゅうくにち)	昭和(しょうわ)の日(ひ) 쇼와의 날
5月3日(ごがつみっか)	憲法記念日(けんぽうきねんび) 헌법기념일
5月4日(ごがつよっか)	みどりの日(ひ) 녹색의 날
5月5日(ごがついつか)	こどもの日(ひ) 어린이날
7月(しちがつ)の第3月曜日(だいさんげつようび)	海(うみ)の日(ひ) 바다의 날
8月11日(はちがつじゅういちにち)	山(やま)の日(ひ) 산의 날 *2016년부터 시행
9月(くがつ)の第3月曜日(だいさんげつようび)	敬老(けいろう)の日(ひ) 경로의 날
9月23日(くがつにじゅうさんにち)ごろ	秋分(しゅうぶん)の日(ひ) 추분
10月(じゅうがつ)の第2月曜日(だいにげつようび)	体育(たいいく)の日(ひ) 체육의 날
11月3日(じゅういちがつみっか)	文化(ぶんか)の日(ひ) 문화의 날
11月23日(じゅういちがつにじゅうさんにち)	勤労感謝(きんろうかんしゃ)の日(ひ) 근로감사일
12月23日(じゅうにがつにじゅうさんにち)	天皇誕生日(てんのうたんじょうび) 천황탄생일

ハッピーマンデー制度(せいど) 해피 먼데이 제도
국경일을 종래의 날짜에서 특정 월요일로 이동시켜 여가를 누릴 수 있도록 한 제도

ゴールデンウイーク 골든 위크
4월 말부터 5월 초에 걸친, 일년 중 가장 휴일이 많은 주

おせち料理(りょうり) 설 음식

成人(せいじん)の日(ひ) 성인의 날

19 恋人がいるらしいですね
こいびと
애인이 있는 듯 하던데요

핵심 문형   MP3-67

1 동사의 て형+て[で]くれる / もらう / あげる
(남이 나에게) ~(해) 주다 / (남에게) ~(해) 받다 / (남에게) ~(해) 주다
- 金さんが案内してくれます。
- 金さんに案内してもらいます。
- 私が案内してあげます。

2 ~そうだ _{전문} ~(라)고 한다
- 日本から友だちが来るそうです。
- 部屋はきたないそうです。
- 仕事は大変だそうです。
- 明日はテストだそうです。

3 ~らしい _{객관적인 근거가 있는 추측} ~한[인] 것 같다, ~한[인] 듯하다
- 恋人がいるらしいです。
- 恋人がほしいらしいです。
- 英語が苦手らしいです。
- 有名な作家らしいです。

🔥 새로운 단어

恋人(こいびと) 애인   案内(あんない) 안내   部屋(へや) 방   汚(きたな)い 더럽다, 지저분하다   大変(たいへん)だ 힘들다
欲(ほ)しい 갖고 싶다   苦手(にがて)だ 서투르다   有名(ゆうめい)だ 유명하다   作家(さっか) 작가

회화　MP3-68

❶ 高橋さんは恋人がいますか。
❷ 高橋さんは友だちにどこを案内しますか。
❸ なぜ金さんが案内してあげると言いましたか。

- 高橋さん、来週日本から友だちが来るそうですね。
- はい、女性三人です。
- その中に高橋さんの恋人がいるらしいですね。
- ええっ、だれがそんなこと言いましたか。いませんよ。
- いいんですよ。はずかしがらなくても。
- 本当ですよ。うそじゃありません。
- あはは。ところで、どこを案内しますか。
- それが、よくわからないので、李さんに案内してもらいたいと思っています。
- じゃあ、私が案内してあげますよ。
- えっ、金さんが案内してくれるんですか。
- はい、女性の友だちですから、私のほうがいいでしょう。

새로운 단어

なぜ 왜　来週(らいしゅう) 다음 주　女性(じょせい) 여성　三人(さんにん) 세 명　誰(だれ) 누구　そんな 그런
恥(は)ずかしがる 부끄러워하다　本当(ほんとう) 진실, 사실　嘘(うそ) 거짓말　わかる 알다

연습문제

1 보기와 같이 바꿔 보세요.

> 보기　雨が降る。→ 雨が降るそうです。

① 友だちが来る。　→ _____　② 部屋はきたない。　→ _____
③ 仕事は大変だ。　→ _____　④ 明日はテストだ。　→ _____
⑤ 試験に合格した。→ _____　⑥ 旅行は楽しかった。→ _____

2 그림을 보고 보기와 같이 바꿔 보세요.

> 보기　天気予報によると、明日は(寒くなる)そうです。(寒くなる)

① ニュースによると、昨日、Aチームが(　　　)そうです。(勝つ)
② 鈴木さんからのメールによると、東京はとても(　　　)そうです。(暑い)
③ 新聞によると、今日は韓国で星が一番(　　　)そうです。(きれいだ)
④ 天気予報によると、明日は(　　　)そうです。(雨だ)

3 보기와 같이 바꿔 보세요.

> 보기　雨が降る。→ 雨が降るらしいです。

① 友だちが来る。　→ _____　② 部屋はきたない。　→ _____
③ 仕事は大変だ。　→ _____　④ 明日はテストだ。　→ _____
⑤ 試験に合格した。→ _____　⑥ 旅行は楽しかった。→ _____

새로운 단어

試験(しけん) 시험　合格(ごうかく) 합격　~によると ~에 따르면　い형용사의 어간+くなる ~아[에]지다　ニュース 뉴스
昨日(きのう) 어제　チーム 팀　勝(か)つ 이기다　メール 메일　新聞(しんぶん) 신문　星(ほし) 별　一番(いちばん) 가장, 제일

4 서로 어울리는 표현을 찾아 선으로 연결해 보세요.

보기　うわさでは、彼は韓国で有名　・　　　　・ ⓐ 会社を作ったらしいです。
① 統計では、日本人は　　　　　・　　　　・ ⓑ 英語が苦手らしいです。
② 新聞によると、彼は最近大きな　・　　　　・ ⓒ 雨らしいです。
③ 友だちの話では、彼は日本人の　・　　　　・ ⓓ 恋人がほしいらしいです。
④ 天気予報によると、明日は　　　・　　　　・ ⓔ 作家らしいです。

5 「くれる / もらう / あげる」 중에서 알맞은 말을 골라 보기와 같이 (　　) 안에 골라 넣어 보세요.

> 보기　A だれが車で送ってくれましたか。
> 　　　B 李さんのお父さんが送って(くれ)ました。

① A だれに荷物を送ってもらいましたか。
　 B 母に送って(　　　)ました。
② A しゃぶしゃぶを食べたことがありますか。
　 B はい、あります。この間、高橋さんが作って(　　　)ました。
③ A 郵便局への行き方がわかりませんが。
　 B そうですか。じゃ、私が地図をかいて(　　　)ましょうか。
④ A 金さんの誕生日プレゼントは何がいいでしょうか。
　 B ケーキを作って(　　　)のはどうですか。

🔥 **새로운 단어**

噂(うわさ) 소문　　統計(とうけい) 통계　　話(はなし) 이야기　　送(おく)る 데려다 주다, 보내다　　荷物(にもつ) 짐　　母(はは) (자기) 어머니
この間(あいだ) 요전, 지난번　　郵便局(ゆうびんきょく) 우체국　　行(い)き方(かた) 가는 법　　地図(ちず) 지도　　描(か)く (그림을) 그리다

듣기 훈련　MP3-69

1 내용을 잘 듣고 내용과 맞는 그림을 고르세요.

① a ( )　　b ( )

② a ( )　　b ( )

③ a ( )　　b ( )

2 내용을 잘 듣고 내용과 맞으면 ○, 틀리면 ×를 써넣으세요.

① 女の人は男の人に写真を撮ってもらいました。( )
② 田中さんは金さんに英語の問題を教えてあげました。( )
③ 金さんは鈴木さんに傘を貸してもらいました。( )

새로운 단어

デート 데이트　お子(こ)さん 자제분　男(おとこ)の子(こ) 남자 아이　女(おんな)の子(こ) 여자 아이　かなり 꽤, 상당히
近(ちか)く 근처　公園(こうえん) 공원　静(しず)かだ 조용하다　問題(もんだい) 문제　ちょっと 좀　教(おし)える 가르치다
どれどれ 어디어디　傘(かさ) 우산　〜本(ほん) 〜개(가늘고 긴 것을 세는 단위)　貸(か)す 빌려 주다

* あなたの好きなタイプは(?)。 | 당신이 좋아하는 스타일은? |

	女性(여성)	男性(남성)
顔 얼굴	① かわいい 귀엽다 ② きれいだ 예쁘다 ③ ボーイッシュ 보이시한 ④ 二重 쌍꺼풀　⑤ 一重 외까풀	① 濃い顔 짙은 얼굴 ② さっぱりした顔 산뜻한 얼굴 ③ かわいい 귀엽다 ④ 二重 쌍꺼풀　⑤ 一重 외까풀
髪型 헤어스타일	① 長い 길다　② 短い 짧다 ③ パーマ 파마　④ ストレート 스트레이트 ⑤ 茶髪 갈색으로 염색한 머리	① 長い 길다　② 短い 짧다 ③ パーマ 파마　④ ストレート 스트레이트 ⑤ 茶髪 갈색으로 염색한 머리
体型 체형	① やせている 마르다　② 細身 호리호리함 ③ 普通 보통　　　　④ ぽっちゃり 통통한 모습 ⑤ 太っている 뚱뚱하다　⑥ スマート 스마트, 말쑥함	① やせている 마르다　② 普通 보통 ③ がっちり 탄탄한 모습　④ 筋肉質 근육질 ⑤ 太っている 뚱뚱하다　⑥ グラマー 글래머
性格 성격	① 大人っぽい 어른스럽다 ② 子どもっぽい 어린아이 같다, 유치하다 ③ 思いやりがある 배려심이 있다 ④ 明るい 밝다　⑤ やさしい 상냥하다	① 大人っぽい 어른스럽다 ② 子どもっぽい 어린아이 같다, 유치하다 ③ 誠実 성실함　④ まじめ 진지함 ⑤ おもしろい 재미있다
身長 신장	① 高い 크다　② 普通 보통 ③ 低い 작다	① 高い 크다　② 普通 보통 ③ 低い 작다

20 どこも喜びそうですね
어디든 좋아할 것 같아요

핵심 문형　MP3-70

당시 상황으로부터의 예측 / 직접 보고, 들어 얻은 대상에 대한 인상 / 과거형 뒤에는 붙일 수 없음

1　～そうだ　～인[할] 것 같다, ～같아 보이다

- 喜びそうです。
- おいしそうです。
- しあわせそうです。
- お金がなさそうです。
- 気持ちがよさそうです。

객관적인 사실로부터의 추측 / 과거의 사건에 대해서 추측 가능

2　～ようだ　(느낌에) ～인[하는] 것 같다

- 人気があるようです。
- 外は寒いようです。
- ビールが好きなようです。
- 事故のようです。

「ようだ」의 구어체적 표현, 더 주관적

3　～みたいだ　～인[하는] 것 같다

- 期待しているみたいです。
- いいみたいです。
- 得意みたいです。
- まるで子どもみたいです。

🔥 새로운 단어

どこも 어디든　喜(よろこ)ぶ 좋아하다, 기뻐하다　おいしい 맛있다　幸(しあわ)せだ 행복하다　気持(きも)ち 기분　人気(にんき) 인기
外(そと) 밖　ビール 맥주　事故(じこ) 사고　期待(きたい) 기대　まるで 마치

회화 MP3-71

❶ 金さんは何を見ていますか。
❷ 高橋さんの友だちが喜びそうなところはどこですか。
❸ 友だちは何を期待していますか。

どこがいいかな。

金さん、何を見ていますか。

高橋さんの友だちを案内するところです。

金さん、本当に案内してくれるんですか。

もちろんですよ。ええっと、東大門市場に仁寺洞はどうですか。それと最近はNソウルタワーも人気があるようですよ。

う～ん。どこも喜びそうですね。

食事はどうしましょうか。

三人ともグルメだから、かなり期待しているみたいです。

それじゃあ、まず最初はカルビですね。

わあ～、カルビですか。僕も食べたいですね。

새로운 단어

～かな ～(할)까(자기 자신에게 묻는 기분을 나타냄)　　もちろん 물론　　東大門(トンデムン) 동대문　　市場(いちば) 시장
仁寺洞(インサドン) 인사동　　最近(さいきん) 최근, 요즘　　N(エヌ)ソウルタワー N서울타워　　食事(しょくじ) 식사
～とも (복수를 나타내는 명사에 붙어) 모두, 전부　　グルメ 미식가　　まず 먼저　　最初(さいしょ) 맨 처음
僕(ぼく) 나(남자가 동년배나 손아랫사람에게 쓰는 말)

연습문제

1 그림을 보고 보기와 같이 바꿔 보세요.

보기
おもしろい
→ (おもしろ)そうですね。

①  おいしい
→ (　　　)そうですね。

②  風い強い
→ (　　　)そうですね。

③  お金がない
→ (　　　)そうですね。

④  気持ちがいい
→ (　　　)そうですね。

⑤  しあわせだ
→ (　　　)そうですね。

⑥  大変だ
→ (　　　)そうですね。

⑦  落ちる
→ (　　　)そうですね。

⑧  たおれる
→ (　　　)そうですね。

⑨  ボタンがとれる
→ (　　　)そうですね。

🔥 **새로운 단어**

風(かぜ) 바람　　強(つよ)い 강하다, 세다　　落(お)ちる (위에서 아래로) 떨어지다　　倒(たお)れる 쓰러지다
取(と)れる (달려 있던 것이) 떨어지다

2 보기와 같이 바꿔 보세요.

> 보기1 　金さんは料理があまり得意じゃありません。
> → 金さんは料理があまり得意じゃないようです。
> 보기2 　朴さんに最近、いいことがありました。
> → 朴さんに最近、いいことがあったようです。

① 彼はビールが好きです。　→ _____
② 事故です。　→ _____
③ 部屋にだれかいます。　→ _____
④ ぐっすり寝たので、治りました。　→ _____
⑤ 外は寒いです。　→ _____

3 그림을 보고 (　) 안에 알맞은 말을 골라 넣어 보세요.

　　　　うそ　　　きらいだ　　　いい　　　する

① 　②　③ 　④

① このノートパソコン、すごく(　　　)みたいです。
② 彼は試験に失敗(　　　)みたいです。
③ 私が合格するなんて、(　　　)みたいです。
④ 山本さんは甘いものが(　　　)みたいです。

새로운 단어

あまり (뒤에 부정의 말을 수반하여) 별로　ぐっすり 푹(깊이 자는 모양)　治(なお)る (병이) 낫다　ノートパソコン 노트북 컴퓨터
すごく 아주　失敗(しっぱい) 실패　~なんて ~(하)다니(의외·놀람의 의미를 나타냄)　甘(あま)い 달다

듣기 훈련 MP3-72

1 내용을 잘 듣고 내용과 맞는 그림을 고르세요.

①
a (   )　　b (   )

②
a (   )　　b (   )

③
a (   )　　b (   )

④
a (   )　　b (   )

2 내용을 잘 듣고 내용과 맞는 것을 고르세요.

(1) ① 男の人のようです。(   )
　　② 女の人のようです。(   )

(2) ① 来週は田中さんは忙しくなさそうです。(   )
　　② 来週も田中さんは忙しそうです。(   )

(3) ① 金さんは日本語の試験に失敗したみたいです。(   )
　　② 金さんは日本語の試験に合格したみたいです。(   )

새로운 단어

なんか 왠지　　急(いそ)ぐ 서두르다　　閉(し)まる 닫히다　　危(あぶ)ない 위험하다　　アニメ 애니메이션　　なかなか 꽤, 상당히
それとも 아니면　　髪(かみ)の毛(け) 머리카락　　イヤリング 귀고리　　～し ~(하)고　　～用(よう) ~용　　トイレ 화장실　　このごろ 요즘
今週(こんしゅう) 이번 주　　嬉(うれ)しい 기쁘다

잠깐 휴식

* ### 日本各地の特産物 | 일본 각 지역의 특산물 |

北海道(毛がに)
홋카이도(털게)

青森(青森りんご)
아오모리(아오모리 사과)

福岡(辛子明太子)
후쿠오카(매운 명란젓)

岡山(きびだんご)
오카야마(수수경단)

京都(八つ橋)
교토(야쓰하시 화과자)

沖縄(泡盛)
오키나와(아와모리 소주)

広島(お好み焼き)
히로시마(오코노미야키)

札幌(札幌ラーメン)
삿포로(삿포로 라면)

東京(雷おこし)
도쿄(밥풀과자)

山梨(山梨ぶどう)
야마나시(야마나시 포도)

長崎(長崎カステラ)
나가사키(나가사키 카스테라)

香川(さぬきうどん)
가가와(사누키 우동)

大阪(たこ焼き)
오사카(다코야키)

静岡(お茶)
시즈오카(차)

21 どう行ったらいいでしょうか
어떻게 가면 좋을까요

핵심 문형 MP3-73

1 **～と** ～(하)면
   항상 조건, 동시 동작, 새로운 발견
   - まっすぐ行くと、大きな本屋があります。
   - ボタンを押すと、ドアが開きます。
   - 1に2を足すと、3になります。

2 **～なら** ～(하)면
   의지, 권유, 충고, 가정 조건
   - 今すぐ行くなら案内します。
   - やせたいなら少し運動したほうがいいです。
   - カルビが好きなら水原カルビがいいと思います。

3 **～ば** ～(하)면
   가정 조건, 자연 현상, 속담, 사실과 반대되는 가정
   - 広い道を渡ればすぐです。
   - もう少し勉強すればよかったのに。
   - 日本語は勉強すればするほど難しいです。

4 **～たら** ～(하)면
   주관적인 가정, 권유, 우연한 발견
   - どう行ったらいいでしょうか。
   - 暑かったら、窓を開けてください。
   - ご飯を食べたら眠くなりました。

🔥 새로운 단어

まっすぐ 똑바로   本屋(ほんや) 서점   押(お)す 누르다   足(た)す 더하다   すぐ 바로, 곧   やせる 여위다, 마르다
運動(うんどう)する 운동하다   水原(スウォン) 수원   渡(わた)る 건너다   ～のに ~인데, ~텐데(원망·불만 등의 심정을 나타냄)
～ほど ~(하면 할)수록   眠(ねむ)い 졸리다

회화　MP3-74

❶ 大きな本屋はどこにありますか。
❷ 交番はどこにありますか。
❸ 日本大使館までどのくらいかかりますか。

金さん、日本大使館に行きたいんですが、どう行ったらいいでしょうか。

日本大使館ですね。まず、このビルの前の道を右に曲がってまっすぐ行ってください。

右に曲がってまっすぐですね。

ええ、まっすぐ行くと左側に大きな本屋があります。

本屋ですね。

その本屋の角を左に曲がって少し行くと交番があります。その交番の前の広い道を渡ればすぐです。

ここからどのくらいかかりますか。

10分ぐらいでしょう。今すぐ行くなら案内しますよ。

すみません。お願いします。

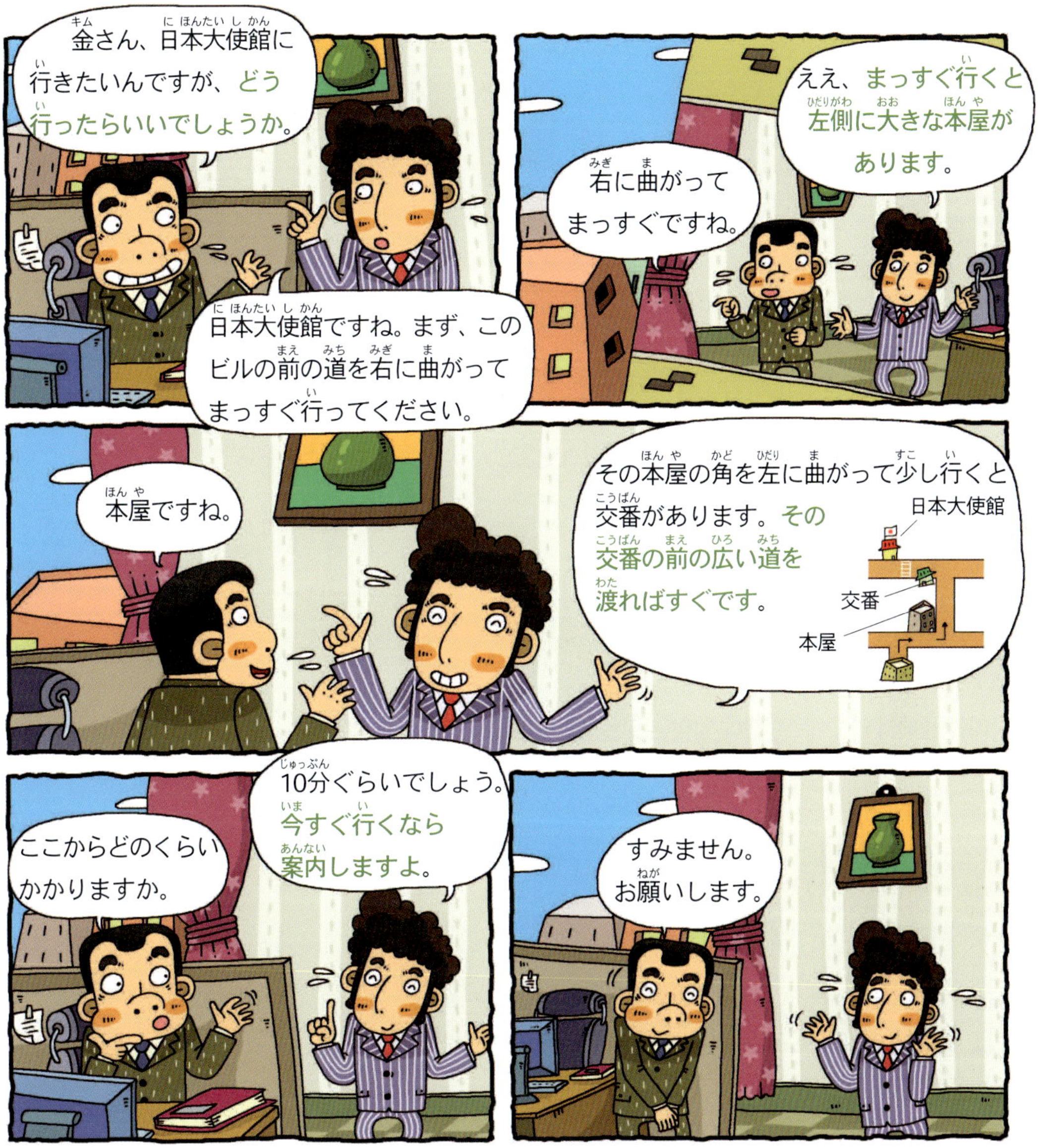

새로운 단어

大(おお)きな 큰　　交番(こうばん) 파출소　　日本大使館(にほんたいしかん) 일본대사관　　掛(か)かる (시간이) 걸리다　　ビル 빌딩
右(みぎ) 오른쪽　　曲(ま)がる 방향을 바꾸다, 돌다　　左側(ひだりがわ) 왼쪽　　角(かど) 모퉁이　　左(ひだり) 왼쪽

연습문제

1 그림을 보고 다음 중에서 (　　) 안에 알맞은 말을 골라 넣어 보세요.

| 信号（しんごう） | 渡（わた）る | 曲（ま）がる | 向（む）こう側（がわ） | 交差点（こうさてん） | つきあたり |
| 角（かど） | 左（ひだり） | 右（みぎ） | まっすぐ行（い）く | 出口（でぐち） | 入（い）り口（ぐち） |

 ①（　　）
 ②（　　）
 ③（　　）
 ④（　　）
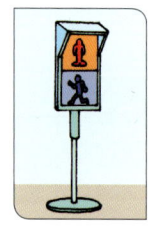 ⑤（　　）
 ⑥（　　）

 ⑦（　　）
 ⑧（　　）
 ⑨（　　）
 ⑩（　　）
 ⑪（　　）
⑫（　　）

2 다음 중에서 (　　) 안에 알맞은 말을 골라 넣어 보세요.

　　曲（ま）がる　　なる　　足（た）す　　起（お）きる

① 春（はる）に（　　）と花（はな）がさきます。
② 朝（あさ）（　　）と、いつも水（みず）を飲（の）みます。
③ この角（かど）を（　　）と、右側（みぎがわ）にコンビニがあります。
④ 1（いち）に2（に）を（　　）と、3（さん）になります。

🔥 새로운 단어

信号（しんごう）신호등　向（む）こう側（がわ）건너편　交差点（こうさてん）교차로　突（つ）き当（あ）たり 막다른 길　出口（でぐち）출구
入（い）り口（ぐち）입구　なる되다　春（はる）봄　咲（さ）く（꽃이）피다　朝（あさ）아침　いつも항상　水（みず）물
飲（の）む마시다　コンビニ편의점

3 보기와 같이 바꿔 보세요.

> 보기 韓国を旅行する / 慶州 ➡ 韓国を旅行するなら、慶州がいいと思いますよ。

① 東京へ行く / お台場　➡ _____
② カルビが好きだ / 水原カルビ ➡ _____
③ やせたい / ヨガ　➡ _____
④ 歯がいたい / M歯医者さん ➡ _____

4 보기와 같이 바꿔 보세요.

> 보기 (安けれ)ば買います。(安い)

① 高橋さんが(　　　)ば私も行きません。(行かない)
② この本は(　　　)ば読むほどおもしろいです。(読む)
③ もし雨が(　　　)ば中止しましょう。(降る)
④ A 映画、おもしろかったですか。
　 B ええ、あなたも(　　　)ばよかったのに。(見る)

5 보기와 같이 바꿔 보세요.

> 보기 どう(行っ)たらいいでしょうか。(行く)

① 国へ(　　　)たら就職したいです。(帰る)
② (　　　)たら窓を開けてください。(暑い)
③ ご飯を(　　　)たら眠くなりました。(食べる)
④ 来週の土曜日(　　　)たら野球をしましょう。(いい天気だ)

새로운 단어

慶州(キョンジュ) 경주　お台場(だいば) 오다이바(도쿄의 주요 관광지 중 하나)　ヨガ 요가　歯(は) 이, 치아
歯医者(はいしゃ) 치과 의사　もし 만약　中止(ちゅうし)する 중지하다　就職(しゅうしょく)する 취직하다　野球(やきゅう) 야구

듣기 훈련　MP3-75

■ 내용을 잘 듣고 내용과 맞는 그림에 번호를 써넣으세요.

> 보기　男：銀行はどう行ったらいいでしょうか。
> 　　　女：銀行ですか。この道をまっすぐ行くと、左側の角にあります。
> 　　　男：あ、そうですか。どうも。

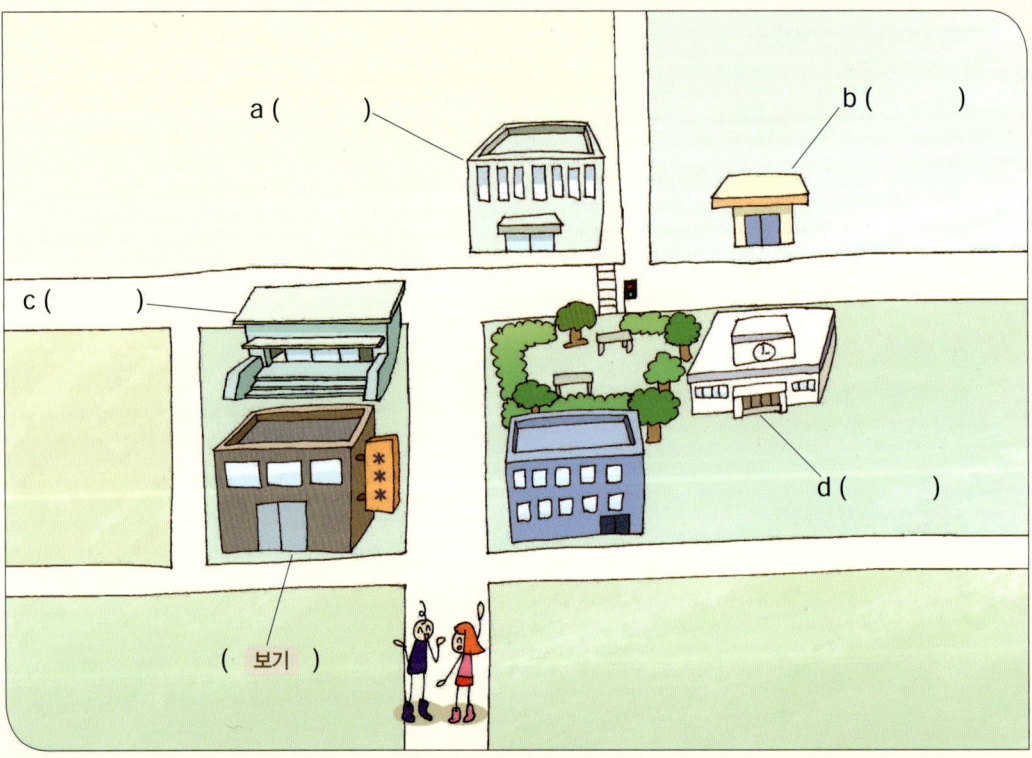

🔥 새로운 단어

銀行(ぎんこう) 은행　　見(み)える 보이다　　後(うし)ろ 뒤　　病院(びょういん) 병원　　公園(こうえん) 공원　　学校(がっこう) 학교
ええと 저어(망설일 때 내는 소리)　　郵便局(ゆうびんきょく) 우체국

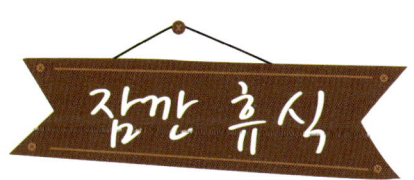

잠깐 휴식

★ お店(みせ)のいろいろ | 각종 가게 |

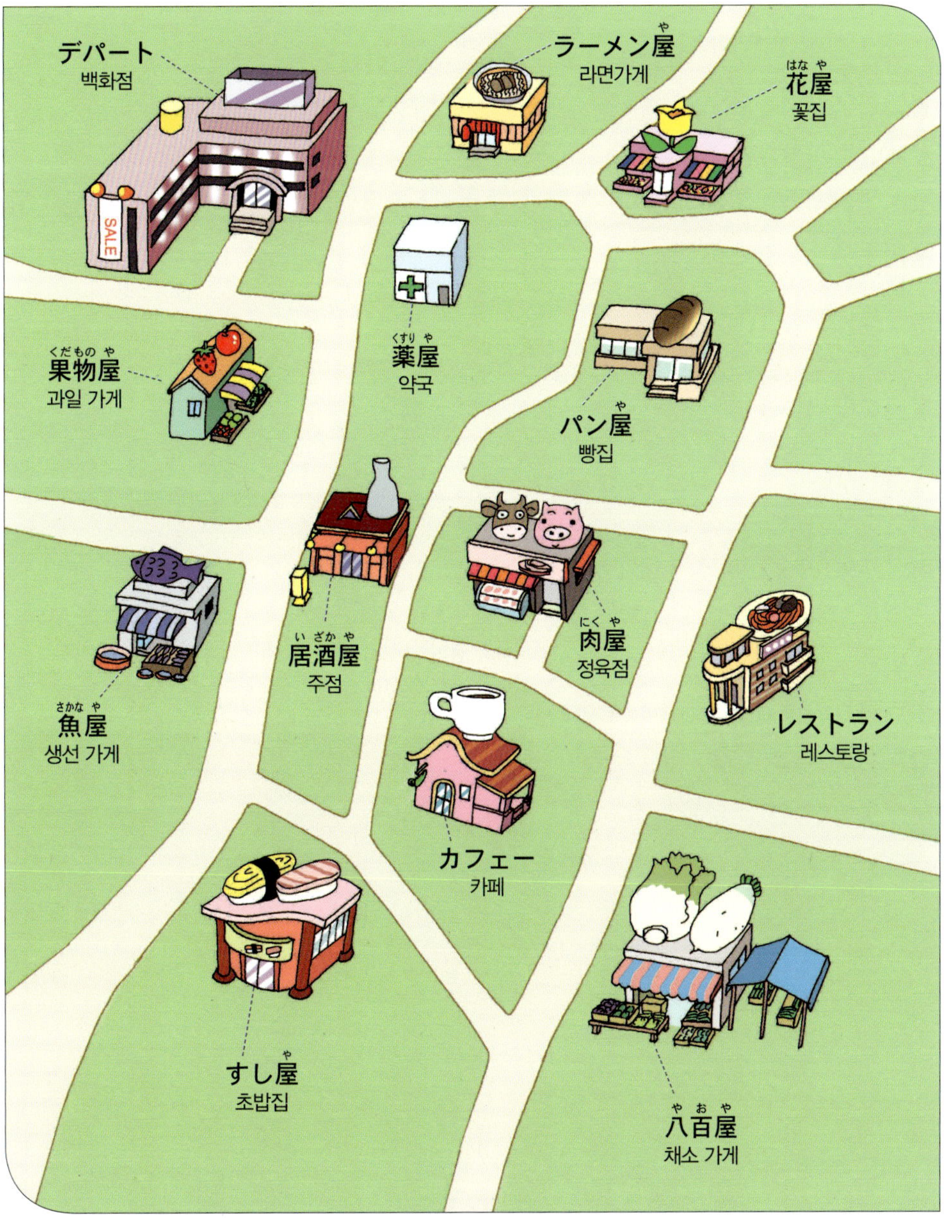

デパート
백화점
ラーメン屋(や)
라면가게
花屋(はなや)
꽃집
薬屋(くすりや)
약국
果物屋(くだものや)
과일 가게
パン屋(や)
빵집
居酒屋(いざかや)
주점
肉屋(にくや)
정육점
SALE
魚屋(さかなや)
생선 가게
レストラン
레스토랑
カフェー
카페
すし屋(や)
초밥집
八百屋(やおや)
채소 가게

22 南怡(ナミ)ソムには行(い)けますか
남이섬에는 갈 수 있습니까

핵심 문형 MP3-76

1 가능표현 ~(할) 수 있다

- 行くことができます。
- 見ることができます。
- 来ることができます。
- 予約することができます。
- 行けます。
- 見られます。
- 来られます。
- 予約できます。

2 동사의 て형+て[で]みる 〈시도〉 ~(해) 보다

- 意見を聞いてみます。
- もう少し考えてみます。
- 行ってみます。
- もう一度話してみます。

3 동사의 て형+て[で]しまう 〈동작의 완료, 결과에 대한 후회·유감〉 ~(하)고 말다, ~(해) 버리다

- もう帰りの便も予約してしまいました。
- 財布を落としてしまいました。
- 傘をなくしてしまいました。

🧡 새로운 단어

南怡(ナミ)ソム 남이섬　**意見(いけん)** 의견　**聞(き)く** 묻다, 듣다　**考(かんが)える** 생각하다　**帰(かえ)り** 돌아감[옴]
便(びん) 편(연락·수송의 수단)　**予約(よやく)する** 예약하다　**落(お)とす** 잃어버리다, 분실하다　**傘(かさ)** 우산
無(な)くす 잃다, 분실하다　p.86「동사 활용표 て(た)형」참고

회화 MP3-77

❶ 南怡ソムには行くことができますか。
❷ 鈴木さんはソウルにいつまでいられますか。
❸ なぜ、二日ぐらい延ばすことができませんか。

> もしもし。本社の鈴木です。
> あっ、鈴木さん。僕高橋です。
> 高橋さん。お元気ですか。
> おかげさまで。鈴木さん、いよいよ今週ですね。

> ええ。ところで高橋さん、南怡ソムには行けますか。
> もちろん。ドラマのロケ現場も見ることができますよ。
> 本当ですか。ぜひ行ってみたいですね。
> それはそうと、鈴木さん、いつまでいられるんですか。

> 火曜日までです。
> 二日ぐらい延ばせませんか。
> そんな。無理ですよ。もう帰りの便も予約してしまいましたから。
> そうですか。残念ですね。

새로운 단어

いつまで 언제까지   二日(ふつか) 이틀   延(の)ばす 연장하다   もしもし 여보세요(전화 인사말)   本社(ほんしゃ) 본사
おかげさまで 덕분에   いよいよ 드디어   ドラマ 드라마   ロケ現場(げんば) 로케이션[야외촬영] 현장   ぜひ 꼭, 반드시
それはそうと 그건 그렇고   火曜日(かようび) 화요일   無理(むり) 무리   残念(ざんねん)だ 유감스럽다, 섭섭하다, 아쉽다

연습문제

1 동사를 보기와 같이 「가능형」으로 바꿔 보세요.

> 보기 会う → 会える / 食べる → 食べられる / する → できる

① 飲む → _____ ② 書く → _____ ③ 話す → _____
④ 起きる → _____ ⑤ 答える → _____ ⑥ 覚える → _____
⑦ 来る → _____ ⑧ 就職する → _____ ⑨ 質問する → _____

2 그림을 보고 보기와 같이 바꿔 보세요.

보기1  泳ぐことができます。 → 泳げます。

보기2  食べることができません。 → 食べられません。

①  日本語で話すことができます。 → _____

②  もぐることができます。 → _____

③  覚えることができます。 → _____

새로운 단어

起(お)きる 일어나다, 기상하다   答(こた)える 대답하다   覚(おぼ)える 기억하다, 외우다   質問(しつもん) 질문
泳(およ)ぐ 헤엄치다, 수영하다   潜(もぐ)る 잠수하다

④ 答えることができません。　➡ _____

⑤ 見学することができます。　➡ _____

⑥ 行くことができません。　➡ _____

3 보기와 같이「〜てみる」문형을 써서 바꿔 보세요.

> 보기　もう一度会って(話してみ)ます。(話す)

① 一度、アフリカへ(　　　)たいと思っています。(行く)
② 車を買う前に、人の意見を(　　　)ました。(聞く)
③ 二、三日もう少し(　　　)ます。(考える)
④ 病気に(　　　)て、はじめて健康の大切さがわかりました。(なる)

4 보기와 같이「〜てしまう」문형을 써서 바꿔 보세요.

> 보기　宿題 / 忘れる ➡ 宿題を忘れてしまいました。

① 傘 / なくす　➡ _____
② 秘密 / 話す　➡ _____
③ ズボン / よごす　➡ _____
④ バカなこと / 言う　➡ _____

🔥 새로운 단어

見学(けんがく) 견학　　アフリカ 아프리카　　人(ひと) 남, 타인　　病気(びょうき)になる 병이 들다　　初(はじ)めて 비로소, 처음으로
健康(けんこう) 건강　　大切(たいせつ)さ 소중함　　宿題(しゅくだい) 숙제　　忘(わす)れる 잊다　　秘密(ひみつ) 비밀　　ズボン 바지
汚(よご)す 더럽히다　　バカなことを言(い)う 바보 같은 소리를 하다

듣기 훈련　MP3-78

1　내용을 잘 듣고 내용과 맞는 그림에 번호를 써넣으세요.

(보기)　　(　)　　(　)　　(　)　　(　)

2　내용을 잘 듣고 내용과 맞으면 ○, 틀리면 ×를 써넣으세요.

보기　　①　②

　보기　この店(みせ)はカードが使(つか)えます。(×)

① 金(キム)さんは中国語(ちゅうごくご)は話(はな)すことができますが、英語(えいご)は話(はな)せません。(　　)
② 田中(たなか)さんはギターは弾(ひ)けますが、ピアノは弾(ひ)けません。(　　)

새로운 단어

約束(やくそく) 약속　電話番号(でんわばんごう) 전화번호　酔(よ)っ払(ぱら)う 만취하다　泣(な)く 울다　全部(ぜんぶ)で 전부해서
中国語(ちゅうごくご) 중국어　～だけ ~만, ~뿐

★ 電話の言葉 | 전화와 관계있는 말 |

- 電話をかける。 전화를 걸다.
- 電話がくる。 전화가 오다.
- 電話に出ない。 전화를 받지 않다.
- 電話を回す。 전화를 돌리다.
- 間違い電話をかける。 전화를 잘못 걸다.
- メッセージを残す。 메시지를 남기다.

- 電話を切る。 전화를 끊다.
- 電話に出る。 전화를 받다.
- 折り返し電話をする。 오는 즉시 전화를 하다.
- 電話が切れる。 전화가 끊기다.
- 電話がつながらない。 전화가 연결되지 않다.
- かけ直す。 다시 걸다.

23 留学させる親が増えています
유학시키는 부모가 늘고 있습니다

핵심 문형   MP3-79

1 ～せる・させる (사역) (~에게 ~을[를]) 시키다[(하)게 하다]
- 英語を使わせます。
- ご飯を食べさせます。
- ここまで持って来させます。
- 小さい時から留学させます。

2 ～(よ)うと思います (앞으로의 일에 대한 예정·계획·결심) ~(하)려고 생각합니다
- 来年のはじめぐらいに戻ろうと思います。
- 子どもを自由にさせようと思います。
- 今日プロポーズしようと思います。

3 동사의 기본형+つもりです 「～(よ)うと思います」보다 강한 의지 ~(할) 작정[생각]입니다
- 夏休みに北海道へ旅行に行くつもりです。
- 子どもを自由にさせるつもりです。
- 来年、日本に留学するつもりです。

새로운 단어

留学(りゅうがく)する 유학하다　親(おや) 부모　増(ふ)える 늘다, 증가하다　持(も)つ 들다, 가지다　小(ちい)さい 어리다
来年(らいねん) 내년　～はじめ ~초　戻(もど)る 되돌아가[오]다　プロポーズ 프러포즈　夏休(なつやす)み 여름방학, 여름휴가

회화　MP3-80

❶ 「英語村」は何をするところですか。
❷ 最近はどんな親が増えていますか。
❸ 李さんは韓国の子どもたちをどう思っていますか。

韓国の子どもたちはよく勉強しますね。

ええ、放課後も塾で勉強するんですよ。

たしか、英語で生活体験をさせる「英語村」もあるんでしょう。

はい。それと英語を使わせる幼稚園とかもありますね。

すごいな。幼稚園から英語ですか。

ええ、それに最近は、小さい時から留学させる親が増えています。

教育に熱心なお母さんが多いんですね。

でも、子どもたちがかわいそう。

子どもができたら、李さんも塾に通わせるんですか。

いいえ、私は子どもを自由にさせようと思います。

そうですか。私も自由にさせるつもりです。

새로운 단어

英語村(ヨンオマウル) 영어마을　放課後(ほうかご) 방과 후　塾(じゅく) (보습)학원　たしか 분명히, 아마　生活(せいかつ) 생활
体験(たいけん) 체험　幼稚園(ようちえん) 유치원　〜とか 〜라든가 하는　すごい 대단하다　教育(きょういく) 교육
熱心(ねっしん)だ 열심이다　お母(かあ)さん 어머니　かわいそうだ 가엾다, 불쌍하다　できる 생기다
通(かよ)う 다니다

23 | 留学させる親が増えています　73

연습문제

1 그림을 보고 보기와 같이 「せる·させる형」으로 바꿔 보세요.

보기 いろいろなことをやる。 ➡ いろいろなことをやらせる。

① ピアノを習う。
➡ _____

② 外国語を三つも勉強する。
➡ _____

③ 留学に行く。
➡ _____

④ 部屋を掃除する。
➡ _____

⑤  予習、復習をする。
➡ _____

⑥  朝ご飯は必ず食べる。
➡ _____

새로운 단어

ピアノ 피아노   習(なら)う 배우다, 익히다   外国語(がいこくご) 외국어   ~も ~(이)나(강조)   部屋(へや) 방
掃除(そうじ)する 청소하다   予習(よしゅう) 예습   復習(ふくしゅう) 복습   必(かなら)ず 반드시

2 보기와 같이「せる・させる形」과「～たり～たりする」문형을 써서 바꿔 보세요.

> 보기　教材を作る。ホームページを作る。
> ➡ 教材を作らせたり、ホームページを作らせたりする。

① 本を読む。宿題をする。
➡ _____

② 書類を作成する。メールを書く。
➡ _____

③ 運動をする。野菜をたくさん食べる。
➡ _____

④ コピーする。お茶を入れる。
➡ _____

3 보기와 같이「～(よ)うと思います」문형을 써서 답해 보세요.

> 보기　A　日曜日は何をするつもりですか。(家で本を読む)
> 　　　B　家で本を読もうと思います。

① A 何を持って行くつもりですか。(スキーとボードを持って行く)
B _____

② A また来るつもりですか。(はい、また来る)
B _____

③ A 今日は何時まで勉強するつもりですか。(12時まで勉強する)
B _____

④ A いつ韓国に戻るつもりですか。(来年のはじめぐらいに戻る)
B _____

새로운 단어

教材(きょうざい) 교재　ホームページ 홈페이지　作成(さくせい)する 작성하다　コピーする 복사하다
お茶(ちゃ)を入(い)れる 차를 끓이다　スキー 스키　ボード 스케이트보드

듣기 훈련　MP3-81

1 내용을 잘 듣고 내용과 맞는 그림에 번호를 써넣으세요.

2 내용을 잘 듣고 보기와 같이 「せる・させる형」을 써서 문장을 완성하세요.

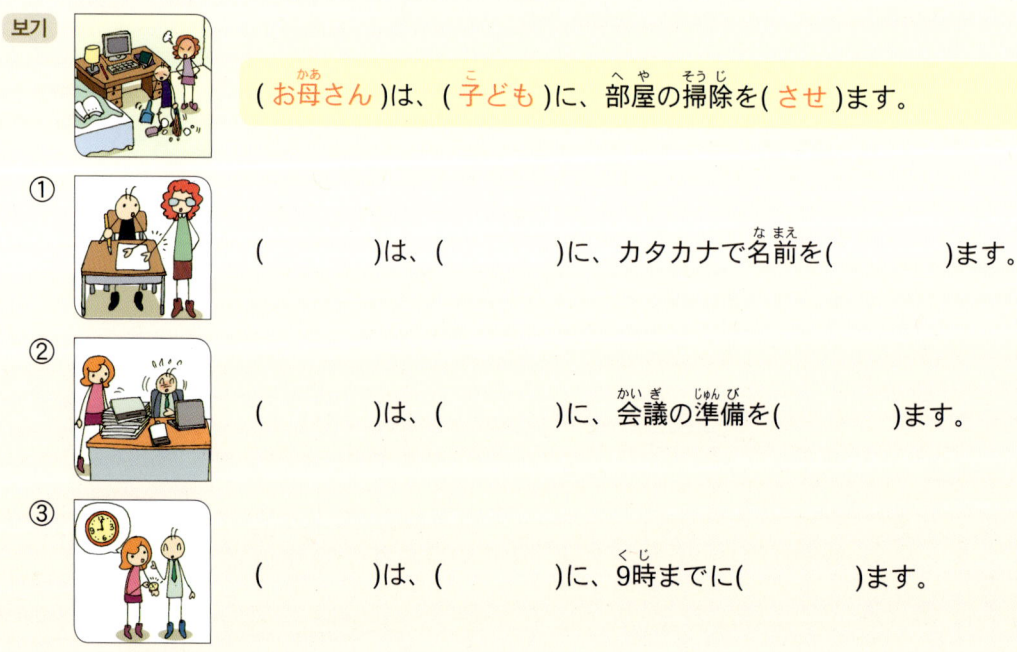

보기: (お母さん)は、(子ども)に、部屋の掃除を(させ)ます。

① (　　　)は、(　　　)に、カタカナで名前を(　　　)ます。

② (　　　)は、(　　　)に、会議の準備を(　　　)ます。

③ (　　　)は、(　　　)に、9時までに(　　　)ます。

새로운 단어

医者(いしゃ) 의사　古(ふる)い 낡다　辞(や)める (일자리를) 그만두다　イヤリング 귀고리　フランス 프랑스　自分(じぶん) 자기 자신
自分(じぶん)で 스스로　準備(じゅんび) 준비　手伝(てつだ)う 도와주다　出発(しゅっぱつ) 출발　心配(しんぱい) 걱정

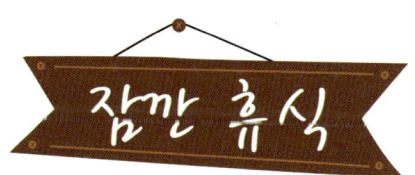

日本人の結婚物語 | 일본인의 결혼이야기 |

「神前結婚式」(신전 결혼식)

「明治時代」(메이지 시대, 1868-1912)에 생겨났습니다. 그 후 「神前」(신전) 결혼이 성행했으며 현재에는 「チャペル式」(교회식) 결혼과 더불어 대중적인 결혼 방식이라 할 수 있습니다. 「神前」(신전) 결혼은 「神社」(신사)에서 올리는 것으로, 결혼식에는 가까운 친척들만 참석하는 것이 일반적입니다. 신랑·신부를 비롯해 하객들도 일본 전통 의상인 「着物」(기모노)를 입습니다. 신랑·신부의 친구나 지인들은 식에 참석하지 않고 식후 피로연에 참석합니다. 신랑·신부는 「三々九度」(3·3·9도: 3개의 잔을 준비해 하나의 잔으로 술을 세 번씩 교환해 마시며, 잔 하나에 3번씩, 총 9번 나누어 마시는 것)의 의식을 행하고 결혼 서약을 합니다.

「チャペル結婚式」(교회 결혼식)

한국에서도 교회나 성당에서 결혼하는 모습을 자주 볼 수 있습니다. 일본도 마찬가지입니다. 하지만 가장 큰 차이점은 한국은 기독교 신앙을 가진 사람만 교회나 성당에서 결혼식을 올리지만 일본은 종교와 전혀 상관없이 어느 정도 종교 교육만 받으면 교회에서 결혼식을 올릴 수 있습니다. 또한 이러한 종교 교육을 원치 않는 사람들을 위해 예식장용으로 지어진 교회도 있습니다. 교회뿐 아니라 호텔이나 레스토랑, 예식장 등에서도 이런 성스러운 분위기의 「チャペル式」(교회식) 결혼을 할 수 있고, 일본 전통 혼례인 「神前」(신전) 결혼과 함께 가장 많은 비중을 차지하고 있습니다.

「人前結婚式」(진젠 결혼식)

교회나 신사에서 올리는 결혼식이 아니라, 신랑·신부의 가족, 친구, 직장 동료들 앞에서 결혼을 서약하는 것으로 특별한 형식은 없습니다. 신랑·신부가 자유롭게 장소, 분위기 등을 골라 식을 올리는데요, 「神前結婚式」(신전 결혼식)와 혼동하기 쉬워서 「人前結婚式」(히토마에 결혼식)라고 부르기도 합니다.

「仏前結婚式」(불전 결혼식)

일본 전통 혼례의 하나로, 「お寺」(절)에서 부처님이나 조상님 앞에서 결혼 서약을 하거나 승려를 집으로 초대해 하기도 합니다. 지금은 「神前」(신전) 결혼이나 「チャペル」(교회) 결혼에 밀려 그 비중이 줄었습니다. 「三々九度」(3·3·9도)의 의식은 「神前」(신전) 결혼과 같습니다.

24 友だちに誘われてゴルフを始めました
친구의 권유로 골프를 시작했습니다

핵심 문형　MP3-82

〜れる・られる

1 受け身(수동) ～을[를] 당하다, ~받다, ~되다

迷惑の受け身
- 部長が頼む。 ➡ 部長に頼まれる。
- 隣の人が足をふむ。 ➡ 隣の人に足をふまれる。

迷惑でない受け身
- 卒業式を行う。 ➡ 卒業式が行われる。
- 学校を建てる。 ➡ 学校が建てられる。
- りんごを輸出する。 ➡ りんごが輸出される。

2 尊敬(존경) ～(하)시다
- 先生は何時に帰られますか。
- 部長が取りに来られます。

3 自発(자발) 저절로 ～(하)다, 자연히 ～(해)지다
- 大学受験の時が思い出されます。
- 合格の喜びが強く感じられます。

새로운 단어

誘(さそ)う 권유하다　　迷惑(めいわく) 폐, 귀찮음　　頼(たの)む 부탁하다　　隣(となり) 옆　　足(あし) 발　　踏(ふ)む 밟다
卒業式(そつぎょうしき) 졸업식　　行(おこな)う 거행하다　　建(た)てる (건물을) 짓다, 세우다　　りんご 사과　　輸出(ゆしゅつ)する 수출하다
取(と)る 집다, 가지다　　受験(じゅけん) 수험, 입시　　思(おも)い出(だ)す 생각나다, 생각해 내다　　喜(よろこ)び 기쁨

회화 MP3-83

❶ 金さんはなぜ残業しているのですか。
❷ 高橋さんはどうして徹夜をしたのですか。
❸ 金さんはどうして勉強する暇がなかったのですか。

あれ、金さん。今日も残業ですか。

ええ、この書類、部長に頼まれて。あとで部長が取りに来られるんですよ。

大変ですね。手伝いましょうか。

大丈夫です。もうすぐ終わりますから。

ところで金さん、日曜日は日本語能力試験があるんでしょう。

そうなんですよ。今日から徹夜ですよ。

徹夜か。大学受験の時が思い出されるなー。でも金さん、かなり前から準備していたでしょう。

いやあ、最近友だちに誘われてゴルフを始めたので、勉強する暇がなかったんですよ。

そうだったんですか。とにかく頑張ってください。

새로운 단어

残業(ざんぎょう) 잔업, 야근　徹夜(てつや) 철야, 밤새움　暇(ひま) 짬, 여유　書類(しょるい) 서류　後(あと)で 나중에
もうすぐ 이제 곧　日本語能力試験(にほんごのうりょくしけん) 일본어능력시험　かなり 꽤, 상당히
いやあ 아이고(놀람·탄식을 나타내는 소리)　とにかく 어쨌든　頑張(がんば)る 끝까지 노력하다

연습문제

1 동사를 보기와 같이「れる・られる형」으로 바꿔 보세요.

> 보기　歌う ➡ 歌われる / ほめる ➡ ほめられる / する ➡ される

① ぬすむ ➡ ＿＿＿＿　　② しかる ➡ ＿＿＿＿　　③ 怒る ➡ ＿＿＿＿

④ 建てる ➡ ＿＿＿＿　　⑤ 食べる ➡ ＿＿＿＿　　⑥ 感じる ➡ ＿＿＿＿

⑦ 来る ➡ ＿＿＿＿　　⑧ 起こす ➡ ＿＿＿＿　　⑨ カンニングする ➡ ＿＿＿＿

2 그림을 보고 (　　) 안에 알맞은 말을 골라 넣으세요.

今日は最悪だった。

① 会社に遅刻して部長に(　　　)し、
　　a. 怒った　　　b. 怒られた　　c. 怒っていた　　d. 怒りました

② エレベーターでは足を(　　　)し、
　　a. きかれた　　b. のまれた　　c. またれた　　　d. ふまれた

③ 泥棒に財布を(　　　)し、
　　a. ぬられた　　b. ぬれた　　　c. ぬすめた　　　d. ぬすまれた

④ 雨にも(　　　)た。
　　a. 降られ　　　b. 泣かれ　　　c. 来られ　　　　d. 吹かれ

🔍 **새로운 단어**

ほめる 칭찬하다　　盗(ぬす)む 훔치다　　叱(しか)る 혼내다　　怒(おこ)る 화내다　　起(お)こす (잠을) 깨우다　　カンニングする 커닝하다
最悪(さいあく) 최악　　遅刻(ちこく) 지각　　部長(ぶちょう) 부장　　エレベーター 엘리베이터　　泥棒(どろぼう) 도둑

3 보기와 같이 바꿔 보세요.

> 보기 授業は原則として日本語で (行われ) ます。(行う)

① 先生は何時に(　　　　)ますか。(帰る)
② あのう、結婚についてどう(　　　　)ますか。(思う)
③ これを家に飾っておくと、一年間いいことがあると(　　　　)ています。(言う)
④ この曲を聞くと彼女のことが(　　　　)ます。(思い出す)

4 그림을 보고 보기와 같이 「れる・られる형」으로 바꿔 보세요.

보기  ①  ②  ③

> 보기 先生は私をしかりました。 → 私は先生にしかられました。

① 先生は内田君をほめました。
　➡ 内田君は先生 _____
② 母は妹に怒りました。
　➡ 妹は母 _____
③ 先生は私を呼びました。
　➡ 私は先生 _____

🔥 새로운 단어

原則(げんそく) 원칙　～として ~로서　あのう 저어(말을 걸 때나 말이 막혔을 때 내는 소리)　～について ~에 대해서
飾(かざ)る 장식하다　一年間(いちねんかん) 일년간　曲(きょく) 곡　呼(よ)ぶ 부르다

듣기 훈련   MP3-84

1 내용을 잘 듣고 내용과 맞는 그림에 번호를 써넣으세요.

(보기)   (   )   (   )   (   )

2 내용을 잘 듣고 서로 관계있는 것을 찾아 선으로 연결하세요.

① 漢字(かんじ)　② 建物(たてもの)　③ 車(くるま)　④ 卒業式(そつぎょうしき)

ⓐ　ⓑ　ⓒ　ⓓ

3 내용을 잘 듣고 문장에 쓰인「れる・られる」가 수동, 존경, 자발 중 어떤 것에 해당하는지 고르고 해석하세요.

① 수동, 존경, 자발 (　　　　　　　　　　　　　　　　　　　　　　　)

② 수동, 존경, 자발 (　　　　　　　　　　　　　　　　　　　　　　　)

③ 수동, 존경, 자발 (　　　　　　　　　　　　　　　　　　　　　　　)

새로운 단어

眼鏡(めがね) 안경　　台風(たいふう) 태풍　　家(いえ) 집　　壊(こわ)す 부수다, 파괴하다　　漢字(かんじ) 한자　　木(き) 나무
社長(しゃちょう) 사장　　オリンピック 올림픽　　~回(かい) ~회, ~번

日本語試験のいろいろ (にほんごしけん) | 다양한 일본어 시험 |

필기	JLPT	JLPT는 일본어를 모국어로 하지 않는 사람을 대상으로 일본국제교류기금 및 일본국제교육협회에서 1984년부터 실시한 시험입니다. 2010년 개정된 신 일본어능력시험은 N1~N5로 나뉘어져 있는데 N1, N2는 언어지식(문자·어휘·문법)·독해, 청해의 두 섹션으로, N3~N5는 언어지식(문자·어휘), 언어지식(문법)·독해, 청해의 세 섹션으로 이루어져 있습니다. 모두 180점 만점이며, 합격 인정 점수는 N1 100점, N2 90점, N3 95점, N4 90점, N5 80점입니다. 과락제도가 있어 각 섹션마다 일정 점수 이상을 얻어야 합니다. http://www.jlpt.or.kr/
	JPT	JPT는 기존 일본어능력시험의 여러 가지 문제점을 개선하기 위해 연구, 개발되었습니다. 일본어 지식의 정도가 아닌 언어 본래의 기능인 커뮤니케이션 능력을 측정하기 위한 시험입니다. 청해, 독해는 각각 4파트씩 총 200문항이며 다양한 난이도의 문제가 골고루 출제되고 있습니다. 990점 만점으로 합격, 불합격이 아닌 점수로 결과가 산출됩니다. http://exam.ybmsisa.com/jpt/
	EJU	EJU는 일본 대학에 입학을 희망하는 유학생을 대상으로 일본 대학에서 필요로 하는 일본어 능력 및 기초 학력을 평가하기 위해 실시하는 시험입니다. 연 2회(6월, 11월) 일본 국내와 국외에서 실시하는데, 한국에서는 서울과 부산에서 실시합니다. 시험과목은 일본어, 이과(물리·화학·생물), 종합과목 및 수학인데, 일본의 각 대학이 지정하는 수험과목을 선택해서 수험하게 됩니다. http://www.ejutest.com/
회화	SJPT	SJPT는 말하기 능력의 중요성이 커지면서 일본어 회화 능력 수준을 정확히 측정하기 위해 개발된 일본어 말하기 시험입니다. 질문 및 그림으로 주어진 상황에 답하는 형식이며 일상회화와 비즈니스 상황 등을 소재로 하고 있습니다. 채점은 OPI 자격증을 소지한 원어민 전문 평가단에 의해 이루어지며 Multiple rating으로 평가의 객관성을 확보했습니다. 시험결과는 레벨 1에서 10까지 10단계이며 문법, 어휘, 발음, 유창성 등으로 평가항목을 구분해 분석표를 제공하고 있습니다. http://exam.ybmsisa.com/sjpt/

부 록

1. 동사 활용표 · 86
2. い형용사 · な형용사 활용표 · 88
3. 가족 명칭 · 90
4. 때를 나타내는 말 · 91
5. 조수사 1, 2, 3, 4 · 92
6. 사람의 몸 · 96
7. 시간 읽기 · 97
8. 숫자 읽기 · 98
9. 월 · 일 · 요일 읽기 · 99
10. 자동사 · 타동사 · 100
11. 수수표현 · 101
12. 주요 기본 어휘 1, 2 · 102
13. **おまけ**(덤) · 105
14. 본문 회화 해석&연습문제 정답 · 108
15. 듣기 훈련 스크립트&정답 · 114
16. 단어 색인 · 123

❶ 동사 활용표

	기본형	ます형	て(た)형	ない형	ば형
1그룹 동사	買<small>か</small>う 사다	買<small>か</small>います	買<small>か</small>って	買<small>か</small>わない	買<small>か</small>えば
	待<small>ま</small>つ 기다리다	待<small>ま</small>ちます	待<small>ま</small>って	待<small>ま</small>たない	待<small>ま</small>てば
	*帰<small>かえ</small>る 돌아가[오]다	帰<small>かえ</small>ります	帰<small>かえ</small>って	帰<small>かえ</small>らない	帰<small>かえ</small>れば
	書<small>か</small>く 쓰다	書<small>か</small>きます	書<small>か</small>いて	書<small>か</small>かない	書<small>か</small>けば
	*行<small>い</small>く 가다	行<small>い</small>きます	行<small>い</small>って	行<small>い</small>かない	行<small>い</small>けば
	泳<small>およ</small>ぐ 헤엄치다	泳<small>およ</small>ぎます	泳<small>およ</small>いで	泳<small>およ</small>がない	泳<small>およ</small>げば
	死<small>し</small>ぬ 죽다	死<small>し</small>にます	死<small>し</small>んで	死<small>し</small>なない	死<small>し</small>ねば
	呼<small>よ</small>ぶ 부르다	呼<small>よ</small>びます	呼<small>よ</small>んで	呼<small>よ</small>ばない	呼<small>よ</small>べば
	読<small>よ</small>む 읽다	読<small>よ</small>みます	読<small>よ</small>んで	読<small>よ</small>まない	読<small>よ</small>めば
	話<small>はな</small>す 이야기하다	話<small>はな</small>します	話<small>はな</small>して	話<small>はな</small>さない	話<small>はな</small>せば
2그룹 동사	見<small>み</small>る 보다	見<small>み</small>ます	見<small>み</small>て	見<small>み</small>ない	見<small>み</small>れば
	食<small>た</small>べる 먹다	食<small>た</small>べます	食<small>た</small>べて	食<small>た</small>べない	食<small>た</small>べれば
3그룹 동사	来<small>く</small>る 오다	来<small>き</small>ます	来<small>き</small>て	来<small>こ</small>ない	来<small>く</small>れば
	する 하다	します	して	しない	すれば
	勉強<small>べんきょう</small>する 공부하다	勉強<small>べんきょう</small>します	勉強<small>べんきょう</small>して	勉強<small>べんきょう</small>しない	勉強<small>べんきょう</small>すれば

＊ 예외 동사

	가능형	명령형	의지형	(ら)れる형	(さ)せる형
1그룹 동사	買える	買え	買おう	買われる	買わせる
	待てる	待て	待とう	待たれる	待たせる
	帰れる	帰れ	帰ろう	帰られる	帰らせる
	書ける	書け	書こう	書かれる	書かせる
	行ける	行け	行こう	行かれる	行かせる
	泳げる	泳げ	泳ごう	泳がれる	泳がせる
	死ねる	死ね	死のう	死なれる	死なせる
	呼べる	呼べ	呼ぼう	呼ばれる	呼ばせる
	読める	読め	読もう	読まれる	読ませる
	話せる	話せ	話そう	話される	話させる
2그룹 동사	見られる	見ろ	見よう	見られる	見させる
	食べられる	食べろ	食べよう	食べられる	食べさせる
3그룹 동사	来られる	来い	来よう	来られる	来させる
	できる	しろ	しよう	される	させる
	勉強できる	勉強しろ	勉強しよう	勉強される	勉強させる

❷ い형용사·な형용사 활용표

	기본형	です형	연체형	て형	た형
い형용사	おいしい 맛있다	おいしいです	おいしい	おいしくて	おいしかった
	よい(いい) 좋다	よいです (いいです)	よい(いい)	よくて	よかった
	ない 없다	ないです	ない	なくて	なかった
	ほしい 갖고 싶다	ほしいです	ほしい	ほしくて	ほしかった
い형용사형 조동사	たい ～하고 싶다	たいです	たい	たくて	たかった
な형용사	きれいだ 예쁘다, 깨끗하다	きれいです	きれいな	きれいで	きれいだった
	静かだ 조용하다	静かです	静かな	静かで	静かだった
	親切だ 친절하다	親切です	親切な	親切で	親切だった
	一般的だ 일반적이다	一般的です	一般的な	一般的で	一般的だった
	タフだ 터프하다	タフです	タフな	タフで	タフだった
	*同じだ 같다	同じです	同じ	同じで	同じだった

＊예외 형용사

	ない형	だろう(でしょう)형	가정형	중지형
い형용사	おいしくない	おいしいだろう(でしょう)	おいしければ	おいしく
	よくない	いい(よい)だろう(でしょう)	よければ	よく
	(なくはない)	ないだろう(でしょう)	なければ	なく
	ほしくない	ほしいだろう(でしょう)	ほしければ	ほしく
い형용사형 조동사	たくない	たいだろう(でしょう)	たければ	たく
な형용사	きれいではない	きれいだろう(でしょう)	きれいなら	きれいに
	静かではない	静かだろう(でしょう)	静かなら	静かに
	親切ではない	親切だろう(でしょう)	親切なら	親切に
	一般的ではない	一般的だろう(でしょう)	一般的なら	一般的に
	タフではない	タフだろう(でしょう)	タフなら	タフに
	同じではない	同じだろう(でしょう)	同じなら	同じに

❸ 가족 명칭

뜻	부를 때	남에게 소개할 때	남의 가족을 높일 때
(외)할아버지	おじいさん	祖父(そふ)	おじいさん
(외)할머니	おばあさん	祖母(そぼ)	おばあさん
아버지	お父(とう)さん・パパ	父(ちち)	お父(とう)さん
어머니	お母(かあ)さん・ママ	母(はは)	お母(かあ)さん
부모님	*	両親(りょうしん)	ご両親(りょうしん)
형 / 오빠	お兄(にい)さん	兄(あに)	お兄(にい)さん
누나 / 언니	お姉(ねえ)さん	姉(あね)	お姉(ねえ)さん
남동생	이름	弟(おとうと)	弟(おとうと)さん
여동생	이름	妹(いもうと)	妹(いもうと)さん
아들	이름	息子(むすこ)	息子(むすこ)さん
딸	이름	娘(むすめ)	娘(むすめ)さん・お嬢(じょう)さん
형제 / 남매	이름	兄弟(きょうだい)	ご兄弟(きょうだい)
자식	이름	子(こ)ども	子(こ)どもさん・お子(こ)さん
손자 / 손녀	이름	孫(まご)	お孫(まご)さん
사촌	이름	いとこ	いとこさん
남자 조카	이름	おい	おいごさん
여자 조카	이름	めい	めいごさん
남편	あなた	主人(しゅじん)・夫(おっと)	ご主人(しゅじん)
아내	おまえ	妻(つま)	奥(おく)さん・奥様(おくさま)
사위	이름さん・ 자녀 이름의 おとうさん	婿(むこ)	お婿(むこ)さん
며느리	이름さん・ 자녀 이름의 おかあさん	嫁(よめ)	お嫁(よめ)さん

❹ 때를 나타내는 말

	日(날)	週(주)	月(달)	年(해)
과거	おととい 그저께	先々週(せんせんしゅう) 지지난 주	先々月(せんせんげつ) 지지난 달	一昨年(おととし・いっさくねん) 재작년
	昨日(きのう) 어제	先週(せんしゅう) 지난주	先月(せんげつ) 지난달	去年・昨年(きょねん・さくねん) 작년
현재	今日(きょう) 오늘	今週(こんしゅう) 이번 주	今月(こんげつ) 이번 달	今年(ことし) 올해
미래	明日(あした・あす) 내일	来週(らいしゅう) 다음 주	来月(らいげつ) 다음 달	来年(らいねん) 내년
	あさって 모레	再来週(さらいしゅう) 다다음 주	再来月(さらいげつ) 다다음 달	再来年(さらいねん) 내후년
	しあさって 글피			
매~	毎日(まいにち) 매일	毎週(まいしゅう) 매주	毎月(まいげつ・まいつき) 매월, 매달	毎年(まいとし・まいねん) 매년
기타 표현	休みの日(やすみのひ) 쉬는 날 休日(きゅうじつ) 휴일 公休日(こうきゅうび) 공휴일	週末(しゅうまつ) 주말	初(はじ)め 초 初旬・上旬(しょじゅん・じょうじゅん) 초순 半ば・中旬(なか ば・ちゅうじゅん) 중순 下旬(げじゅん) 하순 終(お)わり 말	年始・年初(ねんし・ねんしょ) 연시・연초 年の末・年末(としのすえ・ねんまつ) 연말

⑤ 조수사 1

	고유수	個(개)	杯(잔)	本(병·자루)	回(회·번)
1	ひと 一つ	いっこ 一個	いっぱい 一杯	いっぽん 一本	いっかい 一回
2	ふた 二つ	に こ 二個	に はい 二杯	に ほん 二本	に かい 二回
3	みっ 三つ	さん こ 三個	さんばい 三杯	さんぼん 三本	さんかい 三回
4	よっ 四つ	よん こ 四個	よんはい 四杯	よんほん 四本	よんかい 四回
5	いつ 五つ	ご こ 五個	ご はい 五杯	ご ほん 五本	ご かい 五回
6	むっ 六つ	ろっ こ 六個	ろっぱい 六杯	ろっぽん 六本	ろっかい 六回
7	なな 七つ	なな こ 七個	ななはい 七杯	ななほん 七本	ななかい 七回
8	やっ 八つ	はっこ・はちこ 八個	はっぱい 八杯	はちほん・はっぽん 八本	はちかい・はっかい 八回
9	ここの 九つ	きゅう こ 九個	きゅうはい 九杯	きゅうほん 九本	きゅうかい 九回
10	とお 十	じ(ゅ)っ こ 十個	じ(ゅ)っぱい 十杯	じ(ゅ)っぽん 十本	じ(ゅ)っかい 十回
11	*	じゅういっこ 十一個	じゅういっぱい 十一杯	じゅういっぽん 十一本	じゅういっかい 十一回
何	いくつ	なん こ 何個	なんばい 何杯	なんぼん 何本	なんかい 何回

❺ 조수사 2

	人(명)	台(대)	冊(권)	歳(세·살)	枚(장)
1	ひとり 一人	いちだい 一台	いっさつ 一冊	いっさい 一歳	いちまい 一枚
2	ふたり 二人	にだい 二台	にさつ 二冊	にさい 二歳	にまい 二枚
3	さんにん 三人	さんだい 三台	さんさつ 三冊	さんさい 三歳	さんまい 三枚
4	よにん 四人	よんだい 四台	よんさつ 四冊	よんさい 四歳	よんまい 四枚
5	ごにん 五人	ごだい 五台	ごさつ 五冊	ごさい 五歳	ごまい 五枚
6	ろくにん 六人	ろくだい 六台	ろくさつ 六冊	ろくさい 六歳	ろくまい 六枚
7	しちにん 七人	ななだい 七台	ななさつ 七冊	ななさい 七歳	ななまい 七枚
8	はちにん 八人	はちだい 八台	はっさつ 八冊	はっさい 八歳	はちまい 八枚
9	きゅうにん 九人	きゅうだい 九台	きゅうさつ 九冊	きゅうさい 九歳	きゅうまい 九枚
10	じゅうにん 十人	じゅうだい 十台	じ(ゅ)っさつ 十冊	じ(ゅ)っさい 十歳	じゅうまい 十枚
11	じゅういちにん 十一人	じゅういちだい 十一台	じゅういっさつ 十一冊	じゅういっさい 十一歳	じゅういちまい 十一枚
何	なんにん 何人	なんだい 何台	なんさつ 何冊	なんさい 何歳・いくつ	なんまい 何枚

❺ 조수사 3

	番(번)	階(층)	号室(호실)	円(엔)	泊(박)
1	いちばん 一番	いっかい 一階	いちごうしつ 一号室	いちえん 一円	いっぱく 一泊
2	にばん 二番	にかい 二階	にごうしつ 二号室	にえん 二円	にはく 二泊
3	さんばん 三番	さんがい 三階	さんごうしつ 三号室	さんえん 三円	さんぱく 三泊
4	よんばん 四番	よんかい 四階	よんごうしつ 四号室	よえん 四円	よんはく 四泊
5	ごばん 五番	ごかい 五階	ごごうしつ 五号室	ごえん 五円	ごはく 五泊
6	ろくばん 六番	ろっかい 六階	ろくごうしつ 六号室	ろくえん 六円	ろっぱく 六泊
7	ななばん 七番	ななかい 七階	ななごうしつ 七号室	ななえん 七円	ななはく 七泊
8	はちばん 八番	はちかい・はっかい 八階	はちごうしつ 八号室	はちえん 八円	はっぱく 八泊
9	きゅうばん 九番	きゅうかい 九階	きゅうごうしつ 九号室	きゅうえん 九円	きゅうはく 九泊
10	じゅうばん 十番	じゅ(ゅ)っかい 十階	じゅうごうしつ 十号室	じゅうえん 十円	じゅ(ゅ)っぱく 十泊
11	じゅういちばん 十一番	じゅういっかい 十一階	じゅういちごうしつ 十一号室	じゅういちえん 十一円	じゅういっぱく 十一泊
何	なんばん 何番	なんがい・なんかい 何階	なんごうしつ 何号室	いくら	なんぱく 何泊

❺ 조수사 4

	ページ(페이지)	匹(마리)	足(켤레)	皿(접시)
1	いち・いっ 一ページ	いっぴき 一匹	いっそく 一足	ひとさら 一皿
2	に 二ページ	に ひき 二匹	に そく 二足	ふたさら 二皿
3	さん 三ページ	さんびき 三匹	さんぞく 三足	み さら 三皿
4	よん 四ページ	よんひき 四匹	よんそく 四足	よんさら・よさら 四皿
5	ご 五ページ	ご ひき 五匹	ご そく 五足	ご さら 五皿
6	ろく・ろっ 六ページ	ろっぴき 六匹	ろくそく 六足	ろくさら 六皿
7	なな 七ページ	ななひき 七匹	ななそく 七足	ななさら 七皿
8	はち・はっ 八ページ	はっぴき 八匹	はっそく 八足	はちさら・はっさら 八皿
9	きゅう 九ページ	きゅうひき 九匹	きゅうそく 九足	きゅうさら 九皿
10	じ(ゅ)っ 十ページ	じ(ゅ)っぴき 十匹	じ(ゅ)っそく 十足	じ(ゅ)っさら 十皿
11	じゅういち・じゅういっ 十一ページ	じゅういっぴき 十一匹	じゅういっそく 十一足	じゅういっさら 十一皿
何	なん 何ページ	なんびき 何匹	なんぞく 何足	なんさら 何皿

❻ 사람의 몸

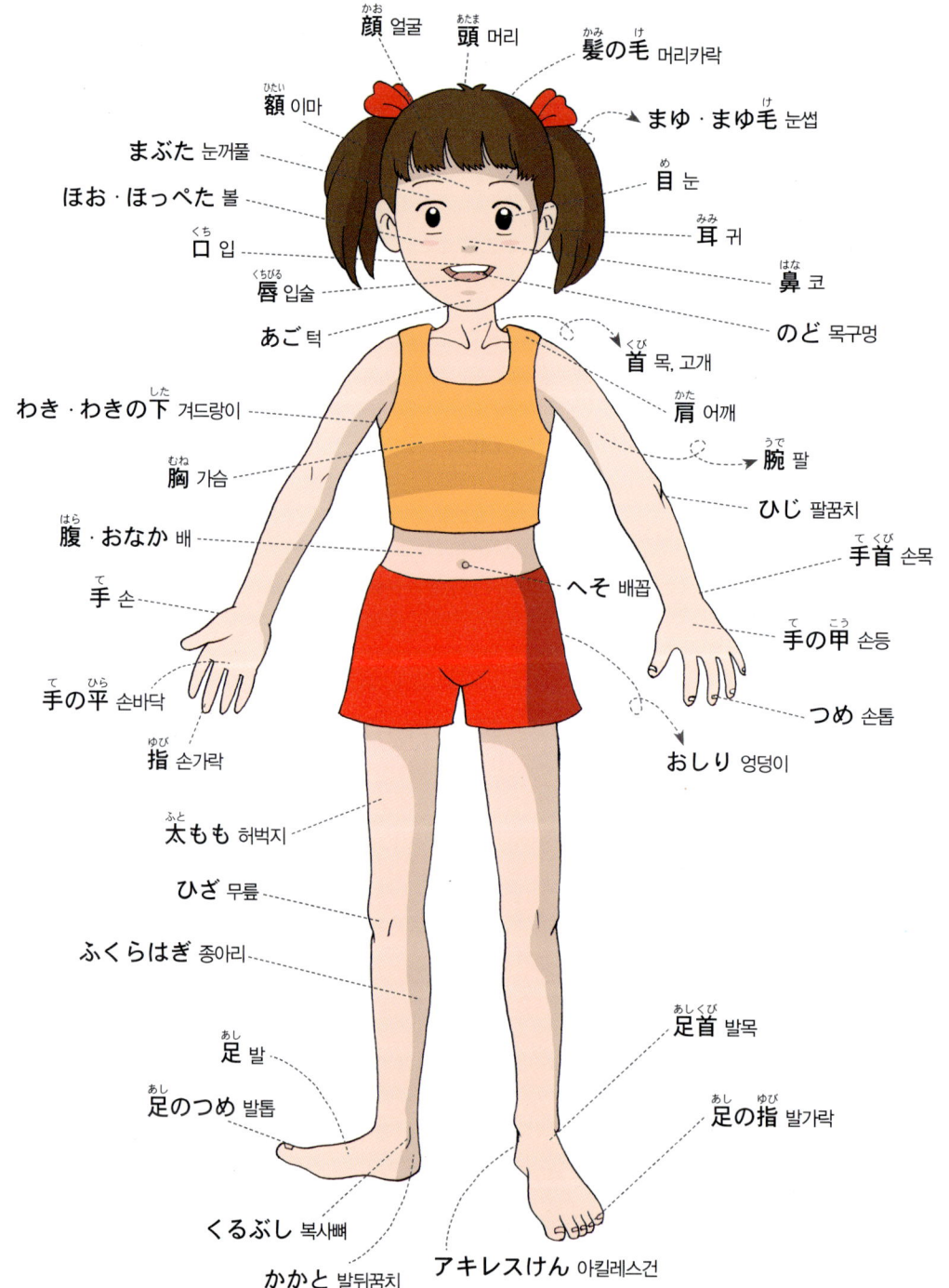

❼ 시간 읽기

	時(시)		分(분) / 秒(초)
1	いちじ	1	いっぷん / いちびょう
2	にじ	2	にふん / にびょう
3	さんじ	3	さんぷん / さんびょう
4	よじ	4	よんぷん / よんびょう
5	ごじ	5	ごふん / ごびょう
6	ろくじ	6	ろっぷん / ろくびょう
7	しちじ	7	ななふん・しちふん / ななびょう
8	はちじ	8	はっぷん・はちふん / はちびょう
9	くじ	9	きゅうふん / きゅうびょう
10	じゅうじ	10	じ(ゅ)っぷん / じゅうびょう
11	じゅういちじ	20	にじ(ゅ)っぷん / にじゅうびょう
12	じゅうにじ	30	さんじ(ゅ)っぷん / さんじゅうびょう
何	なんじ	40	よんじ(ゅ)っぷん / よんじゅうびょう
		50	ごじ(ゅ)っぷん / ごじゅうびょう
		60	ろくじ(ゅ)っぷん / ろくじゅうびょう
		何	なんぷん / なんびょう

❽ 숫자 읽기

0	ゼロ・れい
1	いち
2	に
3	さん
4	し・よん
5	ご
6	ろく
7	しち・なな
8	はち
9	きゅう・く
10	じゅう
11	じゅういち
12	じゅうに
13	じゅうさん
14	じゅうし・じゅうよん
15	じゅうご
16	じゅうろく
17	じゅうしち・じゅうなな
18	じゅうはち
19	じゅうきゅう・じゅうく
20	にじゅう
30	さんじゅう
40	よんじゅう
50	ごじゅう
60	ろくじゅう
70	しちじゅう・ななじゅう

80	はちじゅう
90	きゅうじゅう
100	ひゃく
200	にひゃく
300	さんびゃく
400	よんひゃく
500	ごひゃく
600	ろっぴゃく
700	ななひゃく
800	はっぴゃく
900	きゅうひゃく
1,000	せん
2,000	にせん
3,000	さんぜん
4,000	よんせん
5,000	ごせん
6,000	ろくせん
7,000	ななせん
8,000	はっせん
9,000	きゅうせん
10,000	いちまん
100,000	じゅうまん
1,000,000	ひゃくまん
10,000,000	いっせんまん
100,000,000	いちおく

❾ 월·일·요일 읽기

いちがつ 1月	にがつ 2月	さんがつ 3月	しがつ 4月	ごがつ 5月
ろくがつ 6月	しちがつ 7月	はちがつ 8月	くがつ 9月	じゅうがつ 10月
じゅういちがつ 11月	じゅうにがつ 12月	なんがつ 何月		

ついたち 1日	ふつか 2日	みっか 3日	よっか 4日	いつか 5日
むいか 6日	なのか 7日	ようか 8日	ここのか 9日	とおか 10日
じゅういちにち 11日	じゅうににち 12日	じょうさんにち 13日	じゅうよっか 14日	じゅうごにち 15日
じゅうろくにち 16日	じゅうしちにち 17日	じゅうはちにち 18日	じゅうくにち 19日	はつか 20日
にじゅういちにち 21日	にじゅうににち 22日	にじゅうさんにち 23日	にじゅうよっか 24日	にじゅうごにち 25日
にじゅうろくにち 26日	にじゅうしちにち 27日	にじゅうはちにち 28日	にじゅうくにち 29日	さんじゅうにち 30日
さんじゅういちにち 31日	なんにち 何日			

<ruby>日曜日<rt>にちようび</rt></ruby> 일요일	<ruby>月曜日<rt>げつようび</rt></ruby> 월요일	<ruby>火曜日<rt>かようび</rt></ruby> 화요일	<ruby>水曜日<rt>すいようび</rt></ruby> 수요일	<ruby>木曜日<rt>もくようび</rt></ruby> 목요일
<ruby>金曜日<rt>きんようび</rt></ruby> 금요일	<ruby>土曜日<rt>どようび</rt></ruby> 토요일	<ruby>何曜日<rt>なんようび</rt></ruby> 무슨 요일		

⑩ 자동사 · 타동사

자동사	타동사
つく 켜지다	つける 켜다
開く 열리다	開ける 열다
閉まる 닫히다	閉める 닫다
始まる 시작되다	始める 시작하다
止まる (자동차 등이) 서다	止める (자동차 등을) 세우다
決まる 결정되다, 정해지다	決める 결정하다, 정하다
集まる 모이다	集める 모으다
壊れる 부서지다, 파괴되다	壊す 부수다, 파괴하다
直る 고쳐지다	直す 고치다
倒れる 넘어지다	倒す 넘어뜨리다
起きる 일어나다, 기상하다	起こす (잠을) 깨우다
消える 꺼지다	消す 끄다
出る 나오다	出す 내다
掛かる 잠기다, 채워지다	掛ける 잠그다, 채우다
入る 들다, 들어 있다	入れる 넣다
破れる 찢어지다	破る 찢다
乗る (탈것에) 타다	乗せる (탈것에) 태우다
見える 보이다	見る 보다

⑪ 수수표현

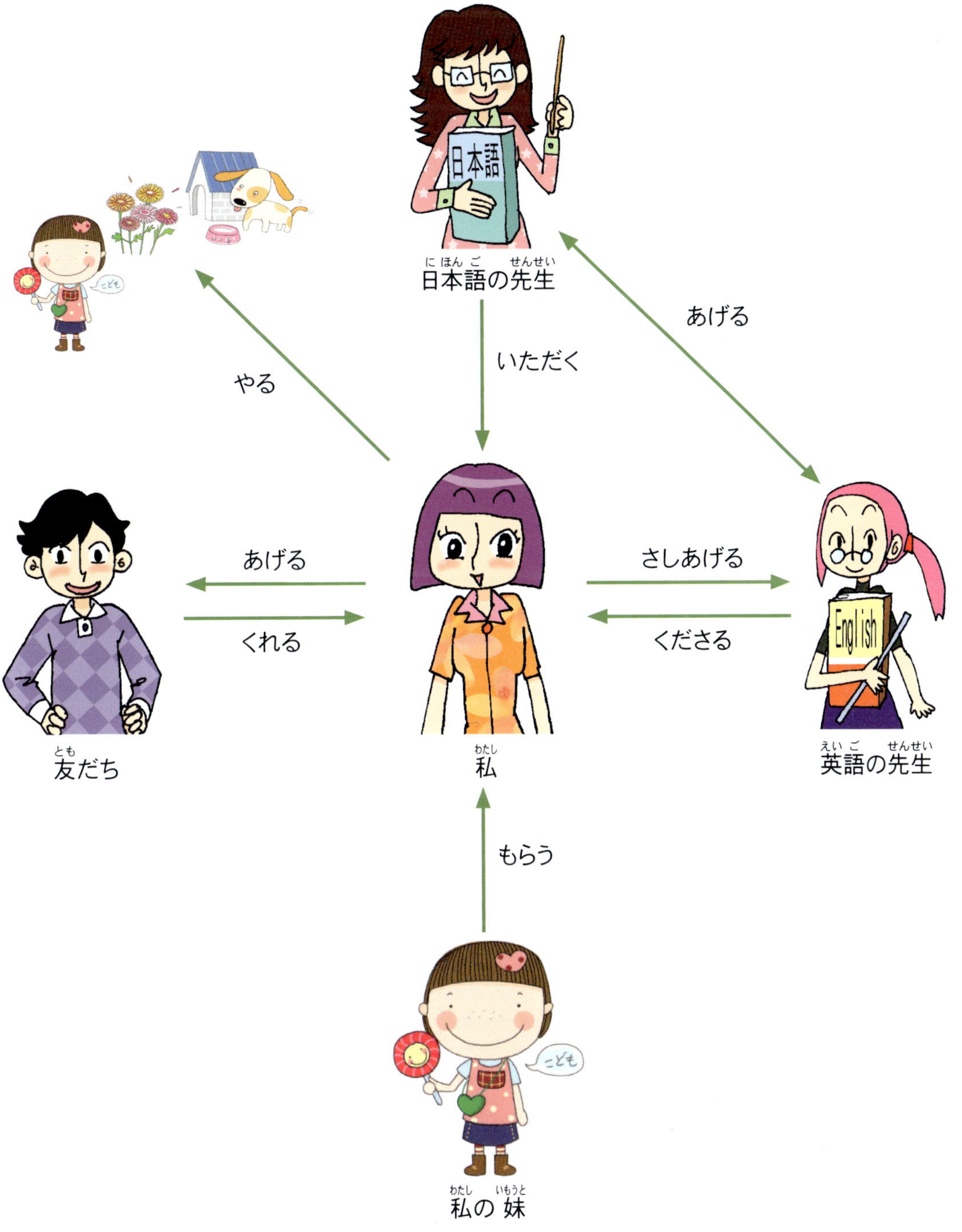

日本語
こども
日本語の先生
にほんご せんせい
いただく
あげる
やる
あげる
くれる
さしあげる
くださる
English
友だち
とも
私
わたし
英語の先生
えいご せんせい
もらう
こども
私の 妹
わたし いもうと

⑫ 주요 기본 어휘 1

い형용사 _ 상태

① 大きい 크다
② 小さい 작다
③ 重い 무겁다
④ 軽い 가볍다
⑤ 近い 가깝다
⑥ 遠い 멀다
⑦ 広い 넓다
⑧ 狭い 좁다
⑨ 新しい 새롭다
⑩ 古い 낡다
⑪ 長い 길다
⑫ 短い 짧다
⑬ よい(いい) 좋다
⑭ 悪い 나쁘다
⑮ 多い 많다
⑯ 少ない 적다
⑰ 明るい 밝다
⑱ 暗い 어둡다
⑲ 高い 비싸다
⑳ 安い 싸다
㉑ 美しい 아름답다
㉒ 忙しい 바쁘다
㉓ 汚い 더럽다
㉔ 冷たい 차갑다
㉕ 高い 높다, (키가) 크다
㉖ 低い 낮다
㉗ 遅い 느리다
㉘ 速い 빠르다
㉙ 早い 이르다
㉚ 強い 강하다
㉛ 弱い 약하다
㉜ 優しい 상냥하다
㉝ かわいい 귀엽다
㉞ すばらしい 훌륭하다
㉟ 太い 굵다
㊱ 細い 가늘다
㊲ 薄い 얇다
㊳ 厚い 두껍다
㊴ 若い 젊다
㊵ 危ない 위험하다
㊶ すごい 대단하다
㊷ 白い 하얗다
㊸ 黒い 검다
㊹ 青い 파랗다
㊺ 赤い 붉다
㊻ 黄色い 노랗다

い형용사 _ 감정

① 難しい 어렵다
② 易しい 쉽다
③ おもしろい 재미있다
④ つまらない 재미없다
⑤ 悲しい 슬프다
⑥ 嬉しい 기쁘다
⑦ 痛い 아프다
⑧ 楽しい 즐겁다
⑨ 寂しい 외롭다, 쓸쓸하다

い형용사 _ 미각

① 辛(から)い 맵다　② 酸(す)っぱい 시다　③ 甘(あま)い 달다　④ しょっぱい 짜다
⑤ 渋(しぶ)い 떫다　⑥ 苦(にが)い 쓰다　⑦ おいしい 맛있다　⑧ まずい 맛없다

い형용사 _ 날씨

① 暖(あたた)かい 따뜻하다　② 暑(あつ)い 덥다　③ 涼(すず)しい 시원하다　④ 寒(さむ)い 춥다

な형용사

① 上手(じょうず)だ 잘하다, 능숙하다　② 下手(へた)だ 잘 못하다, 서투르다　③ 好(す)きだ 좋아하다
④ 大好(だいす)きだ 매우 좋아하다　⑤ 嫌(きら)いだ 싫어하다　⑥ 便利(べんり)だ 편리하다
⑦ 不便(ふべん)だ 불편하다　⑧ 静(しず)かだ 조용하다　⑨ にぎやかだ 번화하다, 북적이다
⑩ 暇(ひま)だ 한가하다　⑪ きれいだ 예쁘다, 깨끗하다　⑫ 有名(ゆうめい)だ 유명하다
⑬ 親切(しんせつ)だ 친절하다　⑭ 元気(げんき)だ 건강하다　⑮ 楽(らく)だ 편안하다
⑯ 大変(たいへん)だ 큰일이다, 힘들다　⑰ 得意(とくい)だ 자신 있다　⑱ 苦手(にがて)だ 서투르다
⑲ ハンサムだ 핸섬하다, 잘생기다　⑳ 立派(りっぱ)だ 훌륭하다　㉑ 素敵(すてき)だ 멋지다
㉒ 簡単(かんたん)だ 간단하다, 쉽다　㉓ 複雑(ふくざつ)だ 복잡하다　㉔ 心配(しんぱい)だ 걱정스럽다
㉕ 大切(たいせつ)だ 중요하다　㉖ 大丈夫(だいじょうぶ)だ 괜찮다　㉗ まじめだ 성실하다

주요 기본 어휘1　**103**

⑫ 주요 기본 어휘 2

1그룹 동사

① 書く 쓰다
② 聞く 듣다, 묻다
③ 歩く 걷다
④ 引く 끌다
⑤ 急ぐ 서두르다
⑥ 泳ぐ 헤엄치다
⑦ 会う 만나다
⑧ 買う 사다
⑨ 洗う 씻다
⑩ 吸う 들이마시다
⑪ 歌う 노래부르다
⑫ 使う 사용하다, 이용하다
⑬ 言う 말하다
⑭ 待つ 기다리다
⑮ 立つ 서다
⑯ 乗る (탈것에) 타다
⑰ 帰る 돌아가[오]다
⑱ 終わる 끝나다
⑲ 入る 들어가[오]다
⑳ 取る 집다, 들다
㉑ 撮る (사진을) 찍다
㉒ 座る 앉다
㉓ 死ぬ 죽다
㉔ 呼ぶ 부르다
㉕ 遊ぶ 놀다
㉖ 読む 읽다
㉗ 飲む 마시다
㉘ 行く 가다
㉙ 話す 이야기하다
㉚ 押す 누르다
㉛ 習う 배우다

2그룹 동사

① 起きる 일어나다, 기상하다
② 見る 보다
③ 教える 가르치다
④ 食べる 먹다
⑤ 寝る 자다
⑥ 出かける 나가다
⑦ かける 걸다

3그룹 동사

① 来る 오다
② (仕事を)する (일을) 하다
③ 勉強する 공부하다
④ 紹介する 소개하다
⑤ コピーする 복사하다
⑥ 散歩する 산책하다

ⓘ おまけ(덤)

★ 주요 지시사(指示詞)

こ	そ	あ	ど
こちら こっち 이쪽	そちら そっち 그쪽	あちら あっち 저쪽	どちら どっち 어느 쪽[것]
ここ 여기	そこ 거기	あそこ 저기	どこ 어디
これ 이것	それ 그것	あれ 저것	どれ 어느 것
この 이	その 그	あの 저	どの 어느
こんな 이런	そんな 그런	あんな 저런	どんな 어떤

★ 위치명사(位置名詞)

上 위　中 안　下 아래　前 앞

後ろ 뒤　左 왼쪽　右 오른쪽　よこ 옆

となり 옆　そば / この辺 / ちかく 곁, 근처　周り 주위, 주변

★ 의문사

何(なに・なん) 무엇

どこ 어디

どれ 어느 것(3개)

どちら 어느 쪽[것](2개)

だれ 누구

いつ 언제

いくつ 몇 개

いくら 얼마

どのくらい 어느 정도

どの 어느

どんな 어떤

★ 「に」를 취하는 말과 취하지 않는 말

1. 「に」를 취하지 않는 말(현재와 관계가 있는 말)
   예) 今日、明日、昨日、今朝、今晩、今、いつ、今週、今月、来月、今年、来年、去年、いつも

2. 「に」를 취하는 말(현재와는 관계가 없고 시간의 흐름 속에 있는 시점이나 범위를 나타내는 말)
   예) 10時に、6時15分に、3日に、2015年に、月曜日に、休みに、大学時代に

★ 서로 호응하는 말

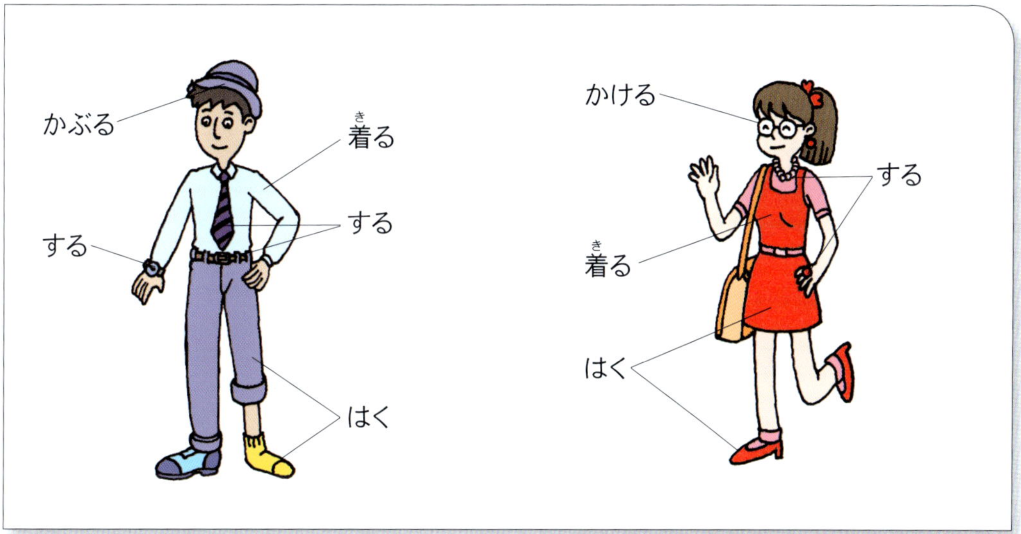

帽子 모자	— かぶる
上着 윗옷, 상의 スーツ 슈트, 양복 セーター 스웨터 ブラウス 블라우스 シャツ 셔츠 ワンピース 원피스 着物 기모노(일본의 전통 의상)	— 着る
ズボン 바지 ジーパン 청바지	— はく

イヤリング 귀고리 ネックレス 목걸이 ネクタイ 넥타이 ベルト 벨트 時計 시계 指輪 반지	— する
眼鏡 안경	— かける
スカート 스커트, 치마 靴下 양말 靴 구두, 신발	— はく

おまけ(덤) 107

⑭ 본문 회화 해석&연습문제 정답

13 朝ごはんは食べてもいいですか

본문 회화 해석 ▶ p.13

김영진　：다카하시 씨, 내일은 병원에 가는 날이죠?
다카하시：예, 아침 8시까지 가야 해요.
김영진　：8시요? 이르군요.
다카하시：예. 여러 가지 검사가 있으니까요.
김영진　：아침밥은 먹어도 돼요?
다카하시：아뇨. 물도 마시면 안 돼요.
김영진　：그거 힘들겠군요. 검사는 얼마나 걸려요?
다카하시：3시간 정도요.
김영진　：그럼, 오늘 저녁밥은 많이 먹어야겠군요.
다카하시：아하하. 그렇군요.

연습문제 정답 ▶ p.14

1　① A：行ってもいいですか。
　　　B1：はい、行ってもいいです。
　　　B2：いいえ、行ってはいけません。
　② A：やってもいいですか。
　　　B1：はい、やってもいいです。
　　　B2：いいえ、やってはいけません。
　③ A：止めてもいいですか。
　　　B1：はい、止めてもいいです。
　　　B2：いいえ、止めてはいけません。
　④ A：高くてもいいですか。
　　　B1：はい、高くてもいいです。
　　　B2：いいえ、高くてはいけません。
　⑤ A：下手でもいいですか。
　　　B1：はい、下手でもいいです。
　　　B2：いいえ、下手ではいけません。
　⑥ A：土曜日でもいいですか。
　　　B1：はい、土曜日でもいいです。
　　　B2：いいえ、土曜日ではいけません。

2　① アイロンをかけない。
　② 道を渡らない。
　③ ゴミを捨てない。
　④ 写真をとらない。
　⑤ 勉強をしない。
　⑥ 友だちが遊びに来ない。

3　① A：話さなくてもいいですか。
　　　B1：はい、話さなくてもいいです。
　　　B2：いいえ、話さなくてはいけません。
　② A：勉強しなくてもいいですか。
　　　B1：はい、勉強しないくてもいいです。
　　　B2：いいえ、勉強しなくてはいけません。
　③ A：明日はここに来なくてもいいですか。
　　　B1：はい、明日はここに来なくてもいいです。
　　　B2：いいえ、明日はここに来なくてはいけません。
　④ A：得意で[じゃ]なくてもいいですか。
　　　B1：はい、得意で[じゃ]なくてもいいです。
　　　B2：いいえ、得意で[じゃ]なくてはいけません。
　⑤ A：大人で[じゃ]なくてもいいですか。
　　　B1：はい、大人で[じゃ]なくてもいいです。
　　　B2：いいえ、大人で[じゃ]なくてはいけません。
　⑥ A：広くなくてもいいですか。
　　　B1：はい、広くなくてもいいです。
　　　B2：いいえ、広くなくてはいけません。

4　① 体育館では、体育館シューズをはかなければなりません。
　② 学校を休むときは、親が電話をかけなければなりません。
　③ スカートの丈はひざから5センチ長くしなければなりません。

14 恋人と行ったほうがいいですよ

본문 회화 해석 ▶ p.19

이미나　：다카하시 씨, 유럽에 간 적이 있어요?
다카하시：예, 있어요.
이미나　：언제 갔어요?
다카하시：학창 시절에 갔어요.
이미나　：어땠어요?
다카하시：좋았어요. 특히 스페인이.
이미나　：그래요? 어떤 점이.
다카하시：푸른 하늘, 그리고 새파란 바다에 떠 있는 흰 배.
　　　　　아아! 다시 한 번 가고 싶구나.
이미나　：그래요? 저도 꼭 가고 싶군요.
　　　　　'스페인 나 홀로 여행'도 괜찮죠?
다카하시：그렇지만 혼자라면 아까워요.
　　　　　애인과 가는 편이 좋아요.

연습문제 정답 ▶ p.20

1　① 泳いだ　　② 習った　　③ 死んだ
　　④ かけた　　⑤ 見た　　　⑥ 捨てた
　　⑦ 来た　　　⑧ デートした　⑨ 話した

2　① A：飲んだ
　　　 B1：はい、飲んだことがあります。
　　　 B2：いいえ、飲んだことはありません。
　　② A：行った
　　　 B1：はい、行ったことがあります。
　　　 B2：いいえ、行ったことはありません。
　　③ A：した
　　　 B1：はい、したことがあります。
　　　 B2：いいえ、したことはありません。

3　① それなら、病院へ行ったほうがいいですよ。
　　② それなら、早く寝たほうがいいですよ。
　　③ それなら、授業を休んだほうがいいですよ。

4　① それなら、体を冷たくしないほうがいいですよ。
　　② それなら、夜遅くまで勉強しないほうがいいですよ。
　　③ それなら、お酒を飲まないほうがいいですよ。

15 DVDを見たり、漫画を読んだりしますね

본문 회화 해석 ▶ p.25

김영진　：오늘은 아침부터 별난 날씨군요.
다카하시：그렇군요. 맑았다 흐렸다 하며 변덕스런 하루였죠?
김영진　：이런 날은 기분까지 맑았다 흐렸다 하네요.
　　　　　어때요? 다카하시 씨.
　　　　　기분 전환 삼아 술 마시러 안 가실래요?
다카하시：그거 좋겠군요. 찬성!
　　　　　틀림없이 기분도 상쾌해질 거예요.
김영진　：그런데 다카하시 씨는 휴일에 뭘 해요?
다카하시：글쎄요…. 제 경우는 술을 마시면서 DVD를 보거나
　　　　　만화를 읽거나 해요. 김영진 씨는요?
김영진　：저는 드라이브를 하거나 사우나에 가거나 해요.
다카하시：에? 사우나!
김영진　：네. 기분이 상쾌해요.

연습문제 정답 ▶ p.26

1　① 今日は家でテレビを見たり、子どもと遊んだりします。
　　② 旅行の前に飛行機を予約したり、ホテルを探したりします。
　　③ 疲れた時、音楽を聞いたり、ぐっすり寝たりします。
　　④ 友だちに会った時、食事をしたり、カラオケに行ったりします。

2　① テストは難しかったり、易しかったりします。
　　② ゴルフは下手だったり、上手だったりします。
　　③ お昼は外食だったり、お弁当だったりします。
　　④ 会議は午前だったり、午後だったりします。

3　① 時々　　　　② ゆき
　　③ のち　　　　④ くもり、のち、でしょう

16 お金を入れてからボタンを押すんですか

본문 회화 해석 ▶ p.31

다카하시 : 이미나 씨, 영화는 몇 시부터예요?
이미나 : 6시요.
다카하시 : 그럼, 서둘러야겠네요.
이미나 : 괜찮아요. 표는 벌써 사 두었으니까요.
다카하시 : 그래요? 과연 이미나 씨군요.
이미나 : 그런데 다카하시 씨, 지하철 표는?
다카하시 : 예, 자동판매기에서 샀어요.
　　　　　그렇지만 이미나 씨, 한국과 일본은 반대군요.
이미나 : 네? 뭐가요?
다카하시 : 한국에서는 돈을 넣기 전에 요금 버튼을 누르죠?
이미나 : 네, 그렇죠.
다카하시 : 일본에서는 돈을 넣은 뒤에 버튼을 누르거든요.
이미나 : 그래요? 일본에서는 돈을 넣고 나서 버튼을 누르나요?

연습문제 정답 ▶ p.32

1　① バスを降りてから、家まで5分ぐらい歩きます。
　　② 大学を卒業してから、就職します。
　　③ 3分ぐらい待ってから、食べます。
　　④ 友だちにメールを書いてから、寝ます。

2　① 就職したあとで、結婚します。
　　② 授業が終わったあとで、バスケットをします。
　　③ 桜は、花がさいたあとで、葉っぱが出ます。

3　① ゆびわを買っておきます。
　　② 式場を決めておきます。
　　③ 家具を買っておきます。
　　④ 招待状を送っておきます。
　　⑤ 料理を決めておきます。
　　⑥ ハネムーンの予約をしておきます。
　　⑦ ウエディングドレスを選んでおきます。

17 大事な写真が入れてあります

본문 회화 해석 ▶ p.37

다카하시 : 어! 이상하군.
김영진 : 왜 그래요?
다카하시 : 지갑이 없어요.
김영진 : 지갑이요!?
다카하시 : 분명히 이 상의 주머니에 넣어 두었는데.
김영진 : 어떤 지갑이에요?
다카하시 : 검은 지갑이에요.
김영진 : 돈이 많이 들어 있나요?
다카하시 : 아니요, 돈은 조금이에요.
김영진 : 돈 이외에 뭐가 들어 있어요?
다카하시 : 카드와 중요한 사진이 들어 있어요.
김영진 : 그것 참 당황스럽겠네요.
　　　　어딘가에 놔두고 기억 못 하는 거 아닌가요?
다카하시 : 한 번 더 잘 찾아볼게요.

연습문제 정답 ▶ p.38

1　① かかっ、かけ　　② 開い、開け
　　③ 消え、消し　　　④ 入っ、入れ

2　① 車を止めています。/ 車が止めてあります。
　　② ドアを閉めています。/ ドアが閉めてあります。
　　③ 掃除をしています。/ 掃除がしてあります。
　　④ 料理を作っています。/ 料理が作ってあります。

3　(1) ① お母さんが寝ています。
　　　② スタンドがついています。
　　　③ お父さんがお茶を飲んでいます。
　　　④ 子どもが遊んでいます。
　　　⑤ テレビがついています。
　　(2) ① がくぶちが壊してありました。
　　　② カレンダーが破ってありました。
　　　③ スタンドがたおしてありました。
　　　④ コップがおいてありました。
　　　⑤ テレビが消してありました。

18 李さんがくれたんですよ

본문 회화 해석 ▶ p.43

김영진 : 다카하시 씨, 좋은 넥타이를 하고 있군요.
다카하시 : 아, 이거요? 고마워요.
김영진 : 손수 고른 거예요?
다카하시 : 아뇨. 이미나 씨가 줬어요.
김영진 : 어, 정말로 이미나 씨에게 받았어요?
다카하시 : 아하하. 농담이에요.
김영진 : 아~, 깜짝 놀랐네. 그런데 다카하시 씨, 함께 스카프를 골라 주세요.
다카하시 : 스카프라. 아! 그렇구나. 이미나 씨에게 줄 거죠?
김영진 : 예. 생일선물로.
다카하시 : 그래요? 이미나 씨 생일은 언제예요?
김영진 : 9월 11일이에요.

연습문제 정답 ▶ p.44

1 (1) ① くれ　② もらい
　　　③ あげ　④ もらい
　(2) ① ください　② いただき
　　　③ さしあげ　④ もらい
　(3) やり

2 ① A : 田中さん、お誕生日はいつですか。
　　B : 8月8日です。
　　A : 何かもらいましたか。
　　B : はい、ケーキをもらいました。
　② A : 朴さん、お誕生日はいつですか。
　　B : 2月14日です。
　　A : 何かもらいましたか。
　　B : はい、チョコレートをもらいました。
　③ A : 金さん、お誕生日はいつですか。
　　B : 12月 31 日です。
　　A : 何かもらいましたか。
　　B : いいえ、何ももらいませんでした。
　④ A : 鈴木さん、お誕生日はいつですか。
　　B : 1月1日です。
　　A : 何かもらいましたか。
　　B : はい、お年玉をもらいました。

19 恋人がいるらしいですね

본문 회화 해석 ▶ p.49

김영진 : 다카하시 씨, 다음 주에 일본에서 친구가 온다죠?
다카하시 : 예, 여성 세 명이에요.
김영진 : 그 중에 다카하시 씨의 애인이 있는 듯 하던데요.
다카하시 : 예에? 누가 그런 말을 해요. 없어요.
김영진 : 괜찮아요. 부끄러워하지 않아도.
다카하시 : 정말이에요. 거짓말이 아니에요.
김영진 : 아하하. 그런데 어디를 안내할 건가요?
다카하시 : 그걸 잘 몰라서 이미나 씨에게 안내를 부탁할까 하고 있어요.
김영진 : 그럼, 제가 안내해 줄게요.
다카하시 : 네? 김영진 씨가 안내해 준다고요?
김영진 : 예, 친구들이 여성이니까 제 쪽이 좋겠죠.

연습문제 정답 ▶ p.50

1 ① 友だちが来るそうです。
　② 部屋はきたないそうです。
　③ 仕事は大変だそうです。
　④ 明日はテストだそうです。
　⑤ 試験に合格したそうです。
　⑥ 旅行は楽しかったそうです。

2 ① 勝った　② 暑い　③ きれいだ　④ 雨だ

3 ① 友だちが来るらしいです。
　② 部屋はきたないらしいです。
　③ 仕事は大変らしいです。
　④ 明日はテストらしいです。
　⑤ 試験に合格したらしいです。
　⑥ 旅行は楽しかったらしいです。

4 ① — ⓑ　② — ⓐ　③ — ⓓ　④ — ⓒ

5 ① もらい　② くれ　③ あげ　④ あげる

20 どこも喜びそうですね

본문 회화 해석 ▶ p.55

김영진 : 어디가 좋을까?
다카하시 : 김영진 씨, 뭘 보고 있어요?
김영진 : 다카하시 씨 친구들을 안내할 곳이요.

다카하시 : 김영진 씨, 정말로 안내해 줄 거예요?
김영진 　: 물론이죠. 어–, 동대문시장에 인사동은 어때요? 그리고 요즘은 N서울타워도 인기가 있는 모양이에요.
다카하시 : 음–. 어디든 좋아할 것 같아요.
김영진 　: 식사는 어떻게 할까요?
다카하시 : 세 사람 다 미식가라 상당히 기대하고 있는 것 같아요.
김영진 　: 그럼, 우선 맨 처음에는 갈비죠.
다카하시 : 와~, 갈비요? 나도 먹고 싶네요.

연습문제 정답 ▶ p.56

1　① おいし　　② 風が強
　　③ お金がなさ　④ 気持ちがよさ
　　⑤ しあわせ　　⑥ 大変
　　⑦ 落ち　　　　⑧ たおれ
　　⑨ ボタンがとれ

2　① 彼はビールが好きなようです。
　　② 事故のようです。
　　③ 部屋にだれかいるようです。
　　④ ぐっすり寝たので、治ったようです。
　　⑤ 外は寒いようです。

3　① いい　② した　③ うそ　④ きらい

21　どう行ったらいいでしょうか

본문 회화 해석 ▶ p.61

다카하시 : 김영진 씨, 일본대사관에 가고 싶은데 어떻게 가면 좋을까요?
김영진 　: 일본대사관 말이죠? 먼저 이 빌딩 앞길을 오른쪽으로 돌아 곧장 가세요.
다카하시 : 오른쪽으로 돌아서 곧장 말이죠?
김영진 　: 네, 곧장 가면 왼쪽에 큰 서점이 있어요.
다카하시 : 서점 말이죠?
김영진 　: 그 서점 모퉁이를 왼쪽으로 돌아 조금 가면 파출소가 있어요. 그 파출소 앞의 넓은 길을 건너면 바로예요.
다카하시 : 여기에서 어느 정도 걸려요?
김영진 　: 10분 정도겠죠. 지금 바로 갈 거면 안내할게요.
다카하시 : 죄송합니다. 부탁드릴게요.

연습문제 정답 ▶ p.62

1　① 曲がる　　② 右
　　③ 左　　　　④ 向こう側
　　⑤ 信号　　　⑥ 出口
　　⑦ まっすぐ行く　⑧ 交差点
　　⑨ つきあたり　⑩ 渡る
　　⑪ 入り口　　⑫ 角

2　① なる　② 起きる　③ 曲がる　④ 足す

3　① 東京へ行くなら、お台場がいいと思いますよ。
　　② カルビが好きなら、水原カルビがいいと思いますよ。
　　③ やせたいなら、ヨガがいいと思いますよ。
　　④ 歯がいたいなら、M歯医者さんがいいと思いますよ。

4　① 行かなけれ　② 読め
　　③ 降れ　　　　④ 見れ

5　① 帰っ　　② 暑かっ
　　③ 食べ　　④ いい天気だっ

22　南怡ソムには行けますか

본문 회화 해석 ▶ p.67

스즈키 　: 여보세요. 본사 스즈키입니다.
다카하시 : 아! 스즈키 씨. 나 다카하시예요.
스즈키 　: 다카하시 씨. 잘 지냈어요?
다카하시 : 덕분에요. 스즈키 씨, 드디어 이번 주군요.
스즈키 　: 네. 그런데 다카하시 씨, 남이섬에는 갈 수 있어요?
다카하시 : 물론이죠. 드라마 로케이션 현장도 볼 수 있어요.
스즈키 　: 정말이요? 꼭 가 보고 싶군요.
다카하시 : 그건 그렇고, 스즈키 씨 언제까지 있을 수 있죠?
스즈키 　: 화요일까지요.
다카하시 : 이틀 정도 연장할 수 없어요?
스즈키 　: 그런. 무리에요. 벌써 돌아올 교통편도 예약해 버렸으니까요.
다카하시 : 그래요? 유감이네요.

연습문제 정답 ▶ p.68

1　① 飲める　　② 書ける
　　③ 話せる　　④ 起きられる
　　⑤ 答えられる　⑥ 覚えられる
　　⑦ 来られる　　⑧ 就職できる
　　⑨ 質問できる

2 ① 日本語で話せます。 ② もぐれます。
③ 覚えられます。 ④ 答えられません。
⑤ 見学できます。 ⑥ 行けません。

3 ① 行ってみ ② 聞いてみ
③ 考えてみ ④ なってみ

4 ① 傘をなくしてしまいました。
② 秘密を話してしまいました。
③ ズボンをよごしてしまいました。
④ バカなことを言ってしまいました。

3 ① スキーとボードを持って行こうと思います。
② はい、また来ようと思います。
③ 12時まで勉強しようと思います。
④ 来年のはじめぐらいに戻ろうと思います。

23 留学させる親が増えています

본문 회화 해석 ▶ p.73

다카하시 : 한국 아이들은 상당히 공부를 하는군요.
이미나 : 네, 방과 후에도 학원에서 공부해요.
다카하시 : 아마 영어로 생활체험을 시키는 '영어마을'도 있죠.
이미나 : 예. 그것과 영어를 사용케 하는 유치원인가 하는 것도 있죠.
다카하시 : 굉장하군. 유치원서부터 영어란 말인가요?
이미나 : 네, 게다가 요즘에는 어렸을 때부터 유학시키는 부모가 늘고 있어요.
다카하시 : 교육에 열심인 어머니가 많군요.
이미나 : 하지만 아이들이 불쌍해요.
다카하시 : 아이가 생기면 이미나 씨도 학원에 다니게 할 건가요?
이미나 : 아니요, 저는 아이들을 자유롭게 키울 생각이에요.
다카하시 : 그래요? 저도 자유로이 크도록 할 작정이에요.

연습문제 정답 ▶ p.74

1 ① ピアノを習わせる。
② 外国語を三つも勉強させる。
③ 留学に行かせる。
④ 部屋を掃除させる。
⑤ 予習、復習をさせる。
⑥ 朝ご飯は必ず食べさせる。

2 ① 本を読ませたり、宿題をさせたりする。
② 書類を作成させたり、メールを書かせたりする。
③ 運動をさせたり、野菜をたくさん食べさせたりする。
④ コピーさせたり、お茶を入れさせたりする。

24 友だちに誘われてゴルフを始めました

본문 회화 해석 ▶ p.79

다카하시 : 어, 김영진 씨. 오늘도 야근이에요?
김영진 : 네, 이 서류, 부장님한테 부탁받아서요. 나중에 부장님이 가지러 오실 거예요.
다카하시 : 힘들겠네요. 도와줄까요?
김영진 : 괜찮아요. 이제 곧 끝나니까요.
다카하시 : 그런데 김영진 씨, 일요일에는 일본어능력시험이 있죠?
김영진 : 맞아요. 오늘부터 밤새워야 해요.
다카하시 : 밤샘이라. 대학 수험 시절이 생각나네요. 그렇지만 김영진 씨는 꽤 전부터 준비하고 있었죠?
김영진 : 아이고, 요즘 친구의 권유로 골프를 시작했기 때문에 공부할 틈이 없었거든요.
다카하시 : 그랬어요? 어쨌든 분발하세요.

연습문제 정답 ▶ p.80

1 ① ぬすまれる ② しかられる
③ 怒られる ④ 建てられる
⑤ 食べられる ⑥ 感じられる
⑦ 来られる ⑧ 起こされる
⑨ カンニングされる

2 ① b ② d ③ d ④ a

3 ① 帰られ ② 思われ
③ 言われ ④ 思い出され

4 ① にほめられました
② に怒られました
③ に呼ばれました

⑮ 듣기 훈련 스크립트&정답

13 朝ごはんは食べてもいいですか p.16

스크립트 ▶

れい1 部屋の中でタバコを吸ってもいいですか。
れい2 学校の中で帽子を脱がなくてもいいですか。
① 博物館の中で写真を撮ってもいいですか。
② 名前は書かなくてもいいですか。
③ ここに車を止めてもいいですか。
④ お酒は飲まなくてもいいですか。

정답 ▶

① 博物館の中で写真を撮ってはいけません。　② 名前は書かなければなりません。
③ ここに車を止めてはいけません。　④ お酒は飲まなければなりません。

14 恋人と行ったほうがいいですよ p.22

스크립트 ▶

1 れい　男：高橋さん、済州道へ行ったことがありますか。
　　　　女：いいえ、まだです。
　　　　男：行ったほうがいいですよ。すばらしい所ですから。
　　　　女：あ、そうですか。どうも。
① 男：鈴木さん、富士山に登ったことがありますか。
　女：いいえ、まだです。
　男：登ったほうがいいですよ。景色がいい所ですから。
　女：あ、そうですか。どうも。
② 男：李さん、日本に行ったことがありますか。
　女：いいえ、まだです。
　男：行ったほうがいいですよ。日本語の勉強になりますから。
　女：あ、そうですか。どうも。
③ 女：高橋さん、ジェットコースターに乗ったことがありますか。
　男：はい、あります。
　女：どうでしたか。

　　　男：とても楽しかったです。
2 ① 男：寒けがして頭が痛いんです。
　　　女：それなら、今日は早く帰ったほうがいいですよ。
　② 男：(ごほん、ごほん。)
　　　女：風邪ですか。
　　　男：はい。昨日から。
　　　女：じゃ、お酒は飲まないほうがいいですね。
　③ 男：ここに車を止めてもいいですか。
　　　女：いいえ、店の前には止めないほうがいいですよ。
　　　男：はい、わかりました。

정답 ▶

1 ① ない　② ない　③ ある
2 ① 早く帰った　② 飲まない　③ 止めない

15　DVDを見たり、漫画を読んだりしますね　p.28

스크립트 ▶

1 れい　女：会社まで何で行きますか。
　　　　男：車で行ったり、地下鉄で行ったりします。
　① 女：彼女に会って何をしますか。
　　　男：映画を見たり、食事をしたりします。
　② 男：暇な時は何をしますか。
　　　女：料理を作ったり、ゆっくり休んだりします。
　③ 男：地下鉄の中では何をしますか。
　　　女：本を読んだり、寝たりします。
　④ 男：日本語の勉強はどのようにしますか。
　　　女：単語を覚えたり、よく読んだりします。
2 明日の全国の天気です。
　始めに北海道です。北海道は、くもりのち、ゆきでしょう。
　東京は、晴れのち、くもり。
　続いて名古屋は晴れでしょう。
　最後に大阪です。大阪は、くもりのち、雨でしょう。
　以上、天気予報でした。

정답 ▶

1 ① 食事をする、映画を見る　② 料理を作る、ゆっくり休む

③ 本を読む、寝る　④ よく読む、単語を覚える

2 ① ― ⓐ(くもりのちゆき)　② ― ⓒ(晴れ)　③ ― ⓑ(晴れのちくもり)　④ ― ⓓ(くもりのち雨)

16　お金を入れてからボタンを押すんですか p.34

스크립트 ▶

1 　れい　ご飯を食べる前に、手を洗います。
　　① お湯を入れる前に、粉末スープを入れておきます。
　　② お客さんが来る前に、掃除をしておきます。
　　③ ガスレンジをつける前に、窓を開けます。

2 　私の一日
　　朝ご飯を食べてから、学校へ行きました。勉強が終わったあとで、テニスをしました。家に帰る前に買い物に行きました。明日が友だちの誕生日なので、プレゼントを買っておきました。そして、寝る前に友だちにメールを書きました。

정답 ▶

1 ①b　②b　③a

2 ④　⑥　①　⑤　③　②

17　大事な写真が入れてあります p.40

스크립트 ▶

1 　れい　机の上の本の横に花瓶がおいて(あります)。
　　① 駐車場の右側に車が止めて(あります)。
　　② テレビがついて(います)。
　　③ 授業が始まって(います)。
　　④ バケツに水が入れて(あります)。

2 ① 女：どうしましたか。
　　　男：かぎがかかっているので開きません。
　　　女：おかしいですね。さっきまで開いていましたよ。
　② 男：会議室の電気がついていますよ。
　　　女：はい。会議がありますから、つけてあるんです。
　　　男：ああ、そうですか。

정답 ▶

1 ①あります　②います　③います　④あります

2 ①a　②a

18 李さんがくれたんですよ p.46

스크립트 ▶

1 **れい** 女：お正月に何をあげますか。
　　　　　男：お年玉をあげます。
　① 女：クリスマスに何をもらいますか。
　　　男：クリスマスカードをもらいます。
　② 女：誕生日に何をあげますか。
　　　男：財布をあげます。
　③ 女：バレンタインデーに何をもらいますか。
　　　男：チョコレートをもらいます。
　④ 男：結婚式で、何をもらいますか。
　　　女：結婚ゆびわをもらいます。
　⑤ 女：卒業式で、何をあげますか。
　　　男：花をあげます。

2 男：鈴木さん、誕生日おめでとう。プレゼントです。
　女：わあー、きれいなお花。金さん、ありがとう。
　男：プレゼント、たくさんもらいましたか。
　女：はい。田中さんに映画のチケットを、佐藤さんにはCDをもらいました。
　　　それから高橋先生にも本をいただきました。
　男：そうですか。先生は本をくださったんですか。
　女：あっ、まだあります。妹がこれをくれました。
　男：おっ、ぬいぐるみですね。

정답 ▶

1 ③　⑤　④　①　②
2 ① 田中さん、映画のチケット　② 佐藤さん、CD　③ 高橋先生、本　④ 妹、ぬいぐるみ

19 恋人がいるらしいですね p.52

스크립트 ▶

1 ① 男：明日はデートなので晴れるといいですね。
　　　女：ニュースによると、朝は雨が降るそうです。
　　　男：えっ、本当ですか。
　　　女：でも大丈夫。午後は、晴れるらしいですよ。

② 男：田中さんは結婚していますか。
　　女：はい、お子さんも一人いるらしいですよ。
　　男：男の子ですか。女の子ですか。
　　女：女の子だそうです。
③ 男：李さんの家は駅から近いですか。
　　女：いいえ、遠いらしいですよ。駅から車で30分だそうです。
　　男：そうですか。かなり遠いですね。
　　女：でも、近くに公園があって、とても静からしいです。

2 ① 女：あのー、すみません。お願いしてもいいですか。
　　男：あっ、写真ですね。いいですよ。
　　女：すみません。お願いします。
② 男：田中さん、この問題ちょっと教えてください。
　　女：どれどれ。ああ、英語の問題ですね。
　　男：明日試験があるんですよ。
　　女：金さん、難しいですよ。私もわかりません。
③ 男：あれ、雨ですね。金さん、傘を持っていますか。
　　女：いいえ、持っていません。
　　男：じゃあ、これを使ってください。
　　女：でも、鈴木さんはどうするんですか。
　　男：大丈夫。2本ありますから。

정답 ▶

1 ① b　② a　③ b
2 ① ○　② ×　③ ○

20　どこも喜びそうですね p.58

스크립트 ▶

1 ① なんか雨が降りそうですね。
　② 急いでください。電車のドアが閉まりそうです。
　③ あぶない。風が強くて木が倒れそうだ。
　④ このアニメ、なかなかおもしろそうですよ。
2 (1) 女：あの人、男の人ですか。それとも女の人ですか。
　　　男：髪の毛が長いから女の人ですよ。イヤリングもしているし。
　　　女：そうかな。あれ、男の人用のトイレに入りましたよ。
　(2) 男：田中さん、このごろ忙しそうですね。
　　　女：ええ、今週は会議があるんですよ。

男：来週も忙しいですか。
女：いいえ、来週は忙しくありません。
(3) 女：金さん、うれしそうですね。何かいいことでもありましたか。
男：はい。日本語の試験に合格しました。私が合格するなんてうそみたいです。
女：よかったですね。金さん、おめでとう。李さんはどうでしたか。
男：それが、李さんは失敗したみたいです。

정답▶

1 ① b　② a　③ a　④ b
2 (1) ①　(2) ①　(3) ②

21　どう行ったらいいでしょうか p.64

스크립트▶

れい　男：銀行はどう行ったらいいでしょうか。
　　　女：銀行ですか。この道をまっすぐ行くと、左側の角にあります。
　　　男：あ、そうですか。どうも。
① 男：駅はどう行ったらいいでしょうか。
　　女：あそこに銀行が見えますね。その後ろです。
　　男：あ、そうですか。どうも。
② 男：病院はどう行ったらいいでしょうか。
　　女：この道をまっすぐ行って、公園の角を右に曲がって、信号を渡ると病院があります。
　　男：あ、そうですか。どうもありがとうございます。
③ 男：学校はどう行ったらいいでしょうか。
　　女：学校ですか。ええと、この道をまっすぐ行って、公園の角を右に曲がって、少し行くと右側にあります。
　　男：そうですか。ありがとうございます。
④ 男：郵便局はどう行ったらいいでしょうか。
　　女：ええと、この道をまっすぐ行って、公園の角を右に曲がって、少し行くと右側に学校がありますが、その向こう側です。
　　男：あ、そうですか。どうもありがとう。

정답▶
a — ②(病院)　b — ④(郵便局)　c — ①(駅)　d — ③(学校)

22 南怡ソムには行けますか p.70

스크립트 ▶

1 れい 男1：金さん、どうしたんですか。
　　　　男2：すみません。約束の時間を忘れてしまいました。
　① 男1：高橋さん、どうしたんですか。
　　　男2：すみません。電話番号を忘れてしまいました。
　② 男　：李さん。どうしたんですか。
　　　女　：それが…。階段で転んでしまいました。
　③ 男1：吉田さん、昨日はどうしたんですか。
　　　男2：すみません。よっぱらってバカなことを言ってしまいました。
　④ 男　：李さん、どうしたんですか。泣いているのを見てしまいましたよ。
　　　女　：え、そうだったんですか。

2 れい 男：全部で1,500円です。
　　　　女：あのー、カードでもいいですか。
　　　　男：すみません。カードはちょっと。
　① 女：金さんは、中国語も話せるんですね。
　　　男：いやあ、少しだけですよ。
　　　女：うらやましいですね。日本語も中国語もできて。
　　　男：でも佐藤さんは英語が話せるから。僕は英語はだめなんですよ。
　② 男：鈴木さんはピアノが弾けますか。
　　　女：ええ、弾けます。
　　　男：いつ習いましたか。
　　　女：小学4年生の時から10年ぐらい習いました。
　　　男：え、10年もですか。上手ですね。
　　　女：いいえ、止めてからは全然弾いていないので。田中さんはギターが上手だそうですね。
　　　男：ギターは弾けますが、上手ではありません。このごろはピアノも習いたいと思っています。

정답 ▶

1 ② ③ ① ④
2 ①○　②○

23 留学させる親が増えています p.76

스크립트 ▶

1 れい 医者になろうと思っています。
   ① とても古いので、新しいカバンを買おうと思っています。
   ② 今日彼女にプロポーズしようと思っています。
   ③ 仕事をやめようと思っています。
   ④ 友だちにイヤリングをプレゼントしようと思っています。
   ⑤ 男1：夏休みはどうするつもりですか。
      男2：フランスを旅行しようと思っています。

2 れい 女：正男、自分の部屋は自分で掃除して。
         男：うん、お母さん。わかったよ。
   ① 女：朴さん、ここにあなたの名前を書いてください。
      男：はい、先生。ひらがなで書いてもいいですか。
      女：いいえ、カタカナで書いてください。
   ② 女：金さん、忙しそうですね。
      男：ええ、会議の準備がまだなんですよ。鈴木さん、手伝ってください。
      女：いいですよ。
   ③ 男：佐藤さん、出発は何時ですか。
      女：9時30分です。金さん、大丈夫ですか。心配ですから、9時までには来てくださいね。
      男：はい、わかりました。

정답 ▶

1 ② ① ③ ⑤ ④
2 ① 先生、朴さん、書かせ ② 金さん、鈴木さん、手伝わせ ③ 佐藤さん、金さん、来させ

24 友だちに誘われてゴルフを始めました p.82

스크립트 ▶

1 れい 夜遅く、友だちに電話で起こされました。
   ① 宿題を忘れて先生に叱られました。
   ② 妹にメガネを踏まれました。
   ③ 台風で家を壊されてしまいました。
2 ① 漢字は韓国や日本でも使われています。
   ② この建物は木で作られています。

③ この車は外国に輸出されています。
　④ 韓国の卒業式は2月に行われます。
3 ① この写真を見ると、高校時代のことが思い出されます。
　② 社長は10時の飛行機で出発されました。
　③ オリンピックは4年に一回行われます。

정답 ▶

1 ①　③　②
2 ①ー ⓒ　②ー ⓐ　③ー ⓓ　④ー ⓑ
3 ① 자발(이 사진을 보면 고등학생 시절이 생각납니다.)
　② 존경(사장님은 10시 비행기로 출발하셨습니다.)
　③ 수동(올림픽은 4년에 한 번 거행됩니다.)

16 단어 색인

교재에 나온 새로운 단어를 오십음도순으로 정리했습니다.
①은 1그룹 동사, ②은 2그룹 동사, ③은 3그룹 동사입니다.

あ

ああ 아아	14과
アイロン 다리미	13과
あく(開く)① 열리다	17과
あける(開ける)② 열다	16과
あさ(朝) 아침(밥)	15과
あさごはん(朝ご飯) 아침(밥)	13과
あし(足) 발	24과
あした(明日) 내일	13과
あす(明日) 내일	15과
あたま(頭) 머리	14과
あとで(後で) 나중에	24과
アニメ 애니메이션	20과
あのう 저어	24과
あぶない(危ない) 위험하다	20과
アフリカ 아프리카	22과
あまい(甘い) 달다	20과
あまり 별로	20과
あめ(雨) 비	15과
あらう(洗う)① 씻다	16과
あるく(歩く)① 걷다	14과
あれ 어	17과
あんない(案内) 안내	19과

い

いう(言う)① 말하다	22과
いえ 아뇨	18과
いえ(家) 집	24과
いきかた(行き方) 가는 법	19과
いけん(意見) 의견	22과
いしゃ(医者) 의사	23과
いそぐ(急ぐ)① 서두르다	16과
いたい(痛い) 아프다	14과
いちにち(一日) 하루	15과
いちねんかん(一年間) 일년간	24과
いちば(市場) 시장	20과
いちばん(一番) 가장, 제일	19과
いっしょに(一緒に) 함께, 같이	16과
いつまで 언제까지	22과
いつも 항상	21과
いもうと(妹) (자기) 여동생	18과
いやあ 아이고	24과
イヤリング 귀고리	20과
いよいよ 드디어	22과
いりぐち(入り口) 입구	21과
いれる(入れる)② 넣다	16과
いれる(入れる)② (차를) 끓이다	23과
いろいろ 여러 가지	13과
インサドン(仁寺洞) 인사동	20과

う

ウエディングドレス 웨딩드레스	16과
うかぶ(浮かぶ)① 뜨다	14과
うしろ(後ろ) 뒤	21과
うそ(嘘) 거짓말	19과
うみ(海) 바다	14과
うれしい(嬉しい) 기쁘다	20과
うわぎ(上着) (한 벌 중의) 윗옷, 상의	17과
うわさ(噂) 소문	19과
うんどうする(運動する)③ 운동하다	21과

え

えいがかん(映画館) 영화관	16과
えいご(英語) 영어	18과
ええと 저어	21과
えっ 어	18과
エヌソウルタワー(Nソウルタワー) N서울타워	20과
エムピースリー(MP3) 엠피쓰리	15과
えらぶ(選ぶ①) 고르다	16과
エレベーター 엘리베이터	24과

お

おいしい 맛있다	20과
おおきな(大きな) 큰	22과
おかあさん(お母さん) 어머니	23과
おかげさまで 덕분에	22과
おかしい 이상하다	17과
おかね(お金) 돈	16과
おきゃくさん(お客さん) 손님	16과
おきる(起きる②) 일어나다, 기상하다	22과
おきわすれる(置き忘れる②) 물건을 놓아둔 채 잊고 오다	17과
おくる(送る①) 데려다 주다, 보내다	16과
おこさん(お子さん) 자제분	19과
おこす(起こす①) (잠을) 깨우다	24과
おこなう(行う①) 거행하다	24과
おこる(怒る①) 화내다	24과
おさけ(お酒) 술	13과
おしえる(教える②) 가르치다	14과
おす(押す①) 누르다	16과
おそい(遅い) 늦다	14과
おだいば(お台場) 오다이바(일본 지명)	21과
おちつく(落ち着く①) 안정되다	15과
おちゃ(お茶) 차	23과
おちる(落ちる②) 떨어지다	20과
おっ 아	18과
おとこのこ(男の子) 남자 아이	19과
おとしだま(お年玉) 세뱃돈	18과
おとす(落とす①) 잃어버리다, 분실하다	22과
おとな(大人) 어른	13과
おひる(お昼) 점심(밥)	15과
おぼえる(覚える②) 기억하다, 외우다	15과
おめでとう 축하해	18과
おもいだす(思い出す①) 생각해 내다	24과
おや(親) 부모	13과
およぐ(泳ぐ①) 헤엄치다, 수영하다	14과
オランダ 네덜란드	14과
おりる(降りる②) (탈것에서) 내리다	16과
オリンピック 올림픽	24과
おわる(終わる①) 끝나다	16과
おんなのこ(女の子) 여자 아이	19과

か

カード 카드	17과
~かい(回) ~회, ~번	24과
かいぎ(会議) 회의	15과
かいぎしつ(会議室) 회의실	17과
がいこくご(外国語) 외국어	23과
がいしょく(外食) 외식	15과
かえり(帰り) 돌아감[옴]	22과
かかる(掛かる①) 잠기다, 채워지다	13과
かかる(掛かる①) (시간이) 걸리다	21과
かぎ(鍵) 열쇠	17과
かく(描く①) (그림을) 그리다	19과
かぐ(家具) 가구	16과
がくせいじだい(学生時代) 학창 시절	14과
がくぶち(額縁) 액자	17과
かける ② (다리미질을) 하다	13과
かける(掛ける①) 잠그다, 채우다	17과
かける ② (전화를) 걸다	13과
かさ(傘) 우산	19과
かざる(飾る①) 장식하다	24과
かす(貸す①) 빌려 주다	19과
ガスレンジ 가스레인지	16과
かぜ(風) 바람	20과
かぜ(風邪) 감기	14과

かつ(勝つ①) 이기다 · 19과
がっこう(学校) 학교 · 21과
カップラーメン 컵라면 · 16과
かど(角) 모퉁이 · 21과
〜かな 〜(할)까 · 20과
かならず(必ず) 반드시 · 23과
かなり 꽤, 상당히 · 19과
かのじょ(彼女) 여자 친구, 그녀 · · · · · · · · · · · · · · · · · 15과
かびん(花瓶) 꽃병 · 17과
かみのけ(髪の毛) 머리카락 · 20과
かよう(通う①) 다니다 · 23과
かようび(火曜日) 화요일 · 22과
〜から 〜(하)니까, 〜(이)므로 · · · · · · · · · · · · · · · · · · 13과
カラオケ 노래방 · 15과
からだ(体) 몸 · 14과
カレンダー 달력 · 17과
かわいそうだ 가엾다, 불쌍하다 · · · · · · · · · · · · · · · · · 23과
かんがえる(考える②) 생각하다 · · · · · · · · · · · · · · · · · 22과
かんじ(漢字) 한자 · 24과
カンニングする③ 커닝하다 · 24과
がんばる(頑張る①) 끝까지 노력하다 · · · · · · · · · · · 24과

き

き(木) 나무 · 24과
きえる(消える②) 꺼지다 · 17과
きく(聞く①) 묻다, 듣다 · 22과
きたい(期待) 기대 · 20과
きたない(汚い) 더럽다, 지저분하다 · · · · · · · · · · · · · 19과
きっと 틀림없이 · 15과
きっぷ(切符) 표 · 16과
きのう(昨日) 어제 · 14과
きぶん(気分) 기분 · 15과
きぶんてんかん(気分転換) 기분 전환 · · · · · · · · · · · 15과
ぎむ(義務) 의무 · 13과
きめる(決める②) 결정하다, 정하다 · · · · · · · · · · · · · 16과
きもち(気持ち) 기분 · 20과
きょう(今日) 오늘 · 13과

きょういく(教育) 교육 · 23과
きょうざい(教材) 교재 · 23과
きょうと(京都) 교토(일본 지명) · · · · · · · · · · · · · · · · · 15과
きょく(曲) 곡 · 24과
きょねん(去年) 작년 · 14과
キョンジュ(慶州) 경주 · 21과
ぎんこう(銀行) 은행 · 21과
きんし(禁止) 금지 · 13과

く

くすり(薬) 약 · 14과
〜くする 〜(하)게 하다 · 13과
ぐっすり 푹(깊이 자는 모양) · 15과
〜くなる 〜아[어]지다 · 19과
くもり(曇り) 흐림 · 15과
くもる(曇る①) (날씨가) 흐리다, (기분이) 우울해지다 · · · · · 15과
クラス 수업 · 16과
クリスマス 크리스마스 · 18과
クリスマスカード 크리스마스카드 · · · · · · · · · · · · · 18과
グルメ 미식가 · 20과
くろい(黒い) 검다 · 17과

け

ケーキ 케이크 · 18과
ケータイ 휴대전화 · 15과
ゲーム 게임 · 15과
けしき(景色) 경치 · 14과
けす(消す①) 끄다 · 17과
けっこんする(結婚する③) 결혼하다 · · · · · · · · · · · · 16과
けっこんしき(結婚式) 결혼식 · · · · · · · · · · · · · · · · · · · 18과
けっこんゆびわ(結婚指輪) 결혼반지 · · · · · · · · · · · · 18과
けんがく(見学) 견학 · 22과
けんこう(健康) 건강 · 22과
けんさ(検査) 검사 · 13과
げんそく(原則) 원칙 · 24과

こ

こいびと(恋人) 애인 · 14과
こうえん(公園) 공원 · 19과
ごうかく(合格) 합격 · 19과
こうさてん(交差点) 교차로 · · · · · · · · · · · · · · · · · 21과
こうばん(交番) 파출소 · 21과
ごご(午後) 오후 · 15과
ごぜん(午前) 오전 · 15과
こたえる(答える②) 대답하다 · · · · · · · · · · · · · · 22과
コップ 컵 · 17과
このあいだ(この間) 요전, 지난번 · · · · · · · · · · 19과
このごろ 요즘 · 20과
ごはん(ご飯) 밥 · 15과
コピーする③ 복사하다 · · · · · · · · · · · · · · · · · · · 23과
ごほんごほん 콜록콜록 · 14과
こまる(困る①) 곤란하다 · · · · · · · · · · · · · · · · · · 17과
ゴミ 쓰레기 · 13과
ゴルフ 골프 · 14과
こわす(壊す①) 부수다, 파괴하다 · · · · · · · · · · 17과
こんしゅう(今週) 이번 주 · · · · · · · · · · · · · · · · · 20과
こんな 이런 · 15과
コンビニ 편의점 · 21과

さ

さいあく(最悪) 최악 · 24과
さいきん(最近) 최근, 요즘 · · · · · · · · · · · · · · · · · 15과
さいご(最後) 마지막, 끝 · · · · · · · · · · · · · · · · · · · 15과
さいしょ(最初) 맨 처음 · · · · · · · · · · · · · · · · · · · 20과
さいふ(財布) 지갑 · 17과
サウナ 사우나 · 15과
さがす(探す①) 찾다 · 15과
さきに(先に) 먼저 · 16과
さく(咲く①) (꽃이) 피다 · · · · · · · · · · · · · · · · · · 16과
さくせいする(作成する③) 작성하다 · · · · · · 23과
さくら(桜) 벚꽃 · 16과
さすが 과연, 역시 · 16과
さそう(誘う①) 권유하다 · · · · · · · · · · · · · · · · · · 24과
さっか(作家) 작가 · 19과
さっき 조금 전 · 17과
さむけ(寒け) 한기, 오한 · · · · · · · · · · · · · · · · · · 14과
ざんぎょう(残業) 잔업, 야근 · · · · · · · · · · · · · · 14과
さんせい(賛成) 찬성 · 15과
さんにん(三人) 세 명 · 19과
ざんねんだ(残念だ) 유감스럽다 · · · · · · · · · · 22과

し

〜し 〜(하)고 · 20과
しあわせだ(幸せだ) 행복하다 · · · · · · · · · · · · · 20과
シーディー(CD) 시디 · 18과
ジェットコースター 제트코스터 · · · · · · · · · · 14과
しかる(叱る①) 혼내다 · 24과
しきじょう(式場) 식장 · 16과
しけん(試験) 시험 · 19과
じこ(事故) 사고 · 20과
しこく(四国) 시코쿠(일본 지명) · · · · · · · · · · · 15과
しずかだ(静かだ) 조용하다 · · · · · · · · · · · · · · · 19과
しっぱい(失敗) 실패 · 20과
しつもん(質問) 질문 · 22과
じどうはんばいき(自動販売機) 자동판매기 · · · · · · 16과
しぬ(死ぬ①) 죽다 · 14과
じぶん(自分) 자기 자신 · · · · · · · · · · · · · · · · · · · 23과
じぶんで(自分で) 스스로 · · · · · · · · · · · · · · · · · 18과
しまる(閉まる①) 닫히다 · · · · · · · · · · · · · · · · · 20과
しめる(閉める②) 닫다 · · · · · · · · · · · · · · · · · · · 17과
しゃしん(写真) 사진 · 13과
しゃちょう(社長) 사장 · 24과
しゅうしょくする(就職する③) 취직하다 · · · · · · 16과
シューズ 슈즈, 신발 · 13과
しゅうまつ(週末) 주말 · 15과
じゅぎょう(授業) 수업 · 14과
じゅく(塾) (보습)학원 · 23과
しゅくだい(宿題) 숙제 · 22과
じゅけん(受験) 수험, 입시 · · · · · · · · · · · · · · · · 24과
しゅっぱつ(出発) 출발 · 23과

126

じゅんび(準備) 준비 · 23과
しょうがつ(正月) 설 · 18과
しょうたいきゃく(招待客) 초대 손님 · · · · · · · · · · · · · · 16과
しょうたいじょう(招待状) 초대장 · · · · · · · · · · · · · · · · · · 16과
じょうだん(冗談) 농담 · 18과
しょうちゅう(焼酎) 소주 · 14과
しょくじ(食事) 식사 · 15과
じょせい(女性) 여성 · 19과
しょるい(書類) 서류 · 24과
しんごう(信号) 신호등 · 21과
しんぱい(心配) 걱정 · 23과
しんぶん(新聞) 신문 · 19과

す

すう(吸う①) (담배를) 피우다 · 13과
スウォン(水原) 수원 · 21과
スカート 스커트, 치마 · 13과
スカーフ 스카프 · 18과
スキー 스키 · 23과
すぐ 바로, 곧 · 21과
すごい 대단하다 · 23과
すごく 아주 · 20과
すこし(少し) 조금 · 17과
すし(寿司) 초밥 · 14과
スタンド 스탠드 · 17과
すてる(捨てる②) 버리다 · 13과
すばらしい 멋지다 · 14과
スペイン 스페인 · 14과
ズボン 바지 · 22과
する ③ (오한이) 나다 · 14과

せ

せいかつ(生活) 생활 · 23과
ぜひ 꼭, 반드시 · 14과
ぜんこく(全国) 전국 · 15과
せんせい(先生) 선생(님) · 18과
センチ 센티미터, 센티 · 13과

ぜんぶで(全部で) 전부해서 · 22과

そ

そうかい(爽快) 상쾌 · 15과
そうじ(掃除) 청소 · 16과
そうじする(掃除する③) 청소하다 · · · · · · · · · · · · · · · · 23과
ソウル 서울 · 15과
そして 그리고 · 14과
そつぎょうする(卒業する③) 졸업하다 · · · · · · · · · · · 16과
そつぎょうしき(卒業式) 졸업식 · · · · · · · · · · · · · · · · · · · 18과
そつぎょうせい(卒業生) 졸업생 · · · · · · · · · · · · · · · · · · · 13과
そと(外) 밖 · 20과
そら(空) 하늘 · 14과
それから 그리고 · 18과
それとも 아니면 · 20과
それなら 그렇다면 · 14과
それはそうと 그건 그렇고 · 22과
そんな 그런 · 19과

た

たいいくかん(体育館) 체육관 · 13과
だいがく(大学) 대학 · 16과
たいけん(体験) 체험 · 23과
だいじだ(大事だ) 소중하다 · 17과
だいじょうぶだ(大丈夫だ) 괜찮다 · · · · · · · · · · · · · · · · 16과
たいせつさ(大切さ) 소중함 · 22과
たいふう(台風) 태풍 · 24과
たいへんだ(大変だ) 힘들다 · 13과
たおす(倒す①) 넘어뜨리다 · 17과
たおれる(倒れる②) 쓰러지다 · 20과
たかい(高い) 비싸다 · 13과
たくさん 많이 · 13과
たけ(丈) 기장, 길이 · 13과
~だけ ~만, ~뿐 · 22과
たしか 분명히, 아마 · 17과
たす(足す①) 더하다 · 21과
たてる(建てる②) 짓다, 세우다 · · · · · · · · · · · · · · · · · · · 24과

たのむ(頼む)① 부탁하다	24과
タバコ 담배	13과
たび(旅) 여행	14과
だめだ 안 되다	15과
だれ(誰) 누구	19과
たんご(単語) 단어	15과
たんじょうび(誕生日) 생일	16과

ち

ちいさい(小さい) 어리다	23과
チーム 팀	19과
ちかく(近く) 근처	19과
チケット 티켓	16과
ちこく(遅刻) 지각	24과
ちず(地図) 지도	19과
ちゃ(茶) 차	17과
ちゅうごくご(中国語) 중국어	22과
ちゅうしする(中止する)③ 중지하다	21과
ちゅうしゃじょう(駐車場) 주차장	17과
チョコレート 초콜릿	18과
ちょっと 좀	19과

つ

つかれる(疲れる)② 지치다, 피곤하다	15과
つきあたり(突き当たり) 막다른 길	21과
つく ① 켜지다	17과
つくえ(机) 책상	17과
つける ② 켜다	16과
つづいて(続いて) 계속해서, 이어서	15과
つめたい(冷たい) 차다	14과
つよい(強い) 강하다, 세다	20과

て

て(手) 손	16과
ディーブイディー(DVD) 디브이디	15과
デート 데이트	19과
デートする ③ 데이트하다	14과
できる ② 생기다	23과
でぐち(出口) 출구	21과
てつだう(手伝う)① 도와주다	23과
てつや(徹夜) 철야, 밤새움	24과
テニス 테니스	16과
でも 그렇지만	16과
でる(出る)② 나오다	16과
テレビ 텔레비전, TV	17과
てんき(天気) 날씨	15과
でんき(電気) 전등	17과
てんきよほう(天気予報) 일기예보	15과
でんわ(電話) 전화	13과
でんわばんごう(電話番号) 전화번호	22과

と

ドア 문	17과
トイレ 화장실	20과
とうきょう(東京) 도쿄(일본 지명)	15과
とうけい(統計) 통계	19과
どうも 감사합니다	14과
~とか ~라든가 하는	23과
ときどき(時々) 가끔, 때때로	15과
とくいだ(得意だ) 자신 있다	13과
とくに(特に) 특히	14과
どこも 어디든	20과
ところ 부분, 점, 곳, 장소	14과
ところで 그런데	15과
~として ~로서	24과
とても 아주, 매우	14과
となり(隣) 옆	24과
とにかく 어쨌든	24과
どのように 어떻게	15과
とまる(止まる)① (자동차 등이) 서다	17과
とめる(止める)② (자동차 등을) 세우다	13과
~とも ~모두, 전부	20과
どようび(土曜日) 토요일	13과

ドライブ 드라이브	15과
ドラマ 드라마	22과
とる(撮る①) (사진을) 찍다	13과
とる(取る①) 집다, 가지다	24과
どれどれ 어디어디	19과
とれる(取れる②) (달려 있던 것이) 떨어지다	20과
どろぼう(泥棒) 도둑	24과
トンデムン(東大門) 동대문	20과

な

～なあ ～군, ～데	14과
～なあ ～말이야, ～말이지	17과
なおる(治る①) (병이) 낫다	20과
なかなか 꽤, 상당히	20과
～ながら ～(하)면서	15과
なく(泣く①) 울다	22과
なくす(無くす①) 잃다, 분실하다	22과
なごや(名古屋) 나고야(일본 지명)	15과
なぜ 왜	19과
なつやすみ(夏休み) 여름방학, 여름휴가	23과
なまえ(名前) 이름	13과
ナミソム(南怡ソム) 남이섬	22과
ならう(習う①) 배우다, 익히다	14과
なる ① 되다	21과
なる ① (병이) 들다	22과
なんか 왠지	20과
なんがつなんにち(何月何日) 몇 월 며칠	18과
なんじ(何時) 몇 시	13과
～なんて ～(하)다니	20과

に

～にあう(～に会う) ～을[를] 만나다	15과
～にいく(～に行く) ～(하)러 가다	15과
にがてだ(苦手だ) 서투르다	13과
～にくる(～に来る) ～(하)러 오다	13과
～について ～에 대해서	24과
～になる ～이[가] 되다	14과

にほんご(日本語) 일본어	18과
にほんごのうりょくしけん(日本語能力試験) 일본어능력시험	24과
にほんたいしかん(日本大使館) 일본대사관	21과
にもつ(荷物) 짐	19과
ニュース 뉴스	19과
～によると ～에 따르면	19과
にんき(人気) 인기	20과

ぬ

ぬいぐるみ 봉제인형	18과
ぬぐ(脱ぐ①) 벗다	13과
ぬすむ(盗む①) 훔치다	24과

ね

ネクタイ 넥타이	18과
ねっしんだ(熱心だ) 열심이다	23과
ねむい(眠い) 졸리다	21과
ねる(寝る②) 자다	14과

の

ノートパソコン 노트북 컴퓨터	20과
のち (시간적으로) 후, 뒤	15과
～ので ～(이)니까, ～(하)니까	16과
～のに ～인데, ～텐데	21과
のばす(延ばす①) 연장하다	22과
のぼる(登る①) 오르다	14과
のむ(飲む①) 마시다	13과
のむ(飲む①) (약을) 먹다	14과
のる(乗る①) (탈것에) 타다	14과

は

は(歯) 이, 치아	21과
ばあい(場合) 경우	15과
はいしゃ(歯医者) 치과 의사	21과

はいる(入る①) 들다, 들어 있다	17과	ひみつ(秘密) 비밀	22과
バカなこと 바보 같은 소리	22과	びょういん(病院) 병원	13과
はく ① (하의·신발 등을) 입다, 신다	13과	びょうき(病気) 병	22과
はくぶつかん(博物館) 박물관	13과	ビル 빌딩	21과
バケツ 양동이	17과	ひろい(広い) 넓다	13과
はじまる(始まる①) 시작되다	17과	びん(便) 편(연락·수송의 수단)	22과
～はじめ ～초	23과		
はじめて(初めて) 비로소, 처음으로	22과	**ふ**	
はじめに(始めに) 먼저	15과	ふえる(増える②) 늘다, 증가하다	23과
はずかしがる(恥ずかしがる①) 부끄러워하다	19과	ふくしゅう(復習) 복습	23과
バスケット 농구	16과	ふじさん(富士山) 후지산	14과
はっぱ(葉っぱ) 잎, 이파리	16과	ぶちょう(部長) 부장	24과
はな(花) 꽃	16과	ふつか(二日) 이틀	22과
はなし(話) 이야기	19과	ふね(船) 배	14과
はなす(話す①) 이야기하다	13과	ふむ(踏む①) 밟다	24과
ハネムーン 허니문, 신혼여행	16과	フランス 프랑스	23과
はは(母) (자기) 어머니	19과	ふるい(古い) 낡다	23과
はやい(早い) 이르다	13과	プレゼント 선물	16과
はる(春) 봄	21과	プロポーズ 프러포즈	23과
はれ(晴れ) 맑음	15과	ふんまつスープ(粉末スープ) 분말 수프	16과
はれる(晴れる②) (기분이) 밝아지다, (날씨가) 개다	15과		
バレンタインデー 밸런타인데이	18과	**へ**	
パン 빵	15과	へえ 에?	15과
ハンカチ 손수건	18과	へただ(下手だ) 잘 못하다, 서투르다	13과
はんたい(反対) 반대	16과	へや(部屋) 방	13과
		へんだ(変だ) 이상하다	15과
ひ		べんとう(弁当) 도시락	15과
ひ(日) 날	15과		
ピアノ 피아노	23과	**ほ**	
ビール 맥주	20과	ほうかご(放課後) 방과 후	23과
ひこうき(飛行機) 비행기	15과	ぼうし(帽子) 모자	13과
ひざ(膝) 무릎	13과	ボード 스케이트보드	23과
ひだり(左) 왼쪽	21과	ホームページ 홈페이지	23과
ひだりがわ(左側) 왼쪽	21과	ほかに 이외에, 그 밖에	17과
びっくりする ③ 깜짝 놀라다	18과	ぼく(僕) 나(남자)	20과
ひと(人) 남, 타인	22과	ポケット 포켓, 주머니	17과
ひとりで(一人で) 혼자서	14과		
ひま(暇) 짬, 여유	24과		

ほし(星) 별 · 19과
ほしい(欲しい) 갖고 싶다 · 19과
ボタン 버튼, 단추 · 16과
ほっかいどう(北海道) 홋카이도(일본 지명) · · · · · · · 15과
ホテル 호텔 · 15과
~ほど ~(하면 할)수록 · 21과
ほめる ② 칭찬하다 · 24과
~ほん(本) ~개(가늘고 긴 것을 세는 단위) · · · · · · · 19과
ほんしゃ(本社) 본사 · 22과
ほんとう(本当) 진실, 사실 · 19과
ほんとうに(本当に) 정말(로) · · · · · · · · · · · · · · · · · · 18과
ほんや(本屋) 서점 · 21과

ま

まえ(前) 전, 이전 · 15과
まがる(曲がる①) 방향을 바꾸다, 돌다 · · · · · · · · · · · 21과
まず 먼저 · 20과
まつ(待つ①) 기다리다 · 16과
まっさおだ(真っ青だ) 새파랗다 · · · · · · · · · · · · · · · · 14과
まっすぐ 똑바로 · 21과
~までに ~까지(한도) · 13과
まど(窓) 창문 · 16과
まるで 마치 · 20과
まんが(漫画) 만화 · 15과

み

みえる(見える②) 보이다 · 21과
みぎ(右) 오른쪽 · 21과
みぎがわ(右側) 오른쪽 · 17과
みず(水) 물 · 13과
みせ(店) 가게 · 14과
みち(道) 길 · 13과

む

むこうがわ(向こう側) 건너편 · · · · · · · · · · · · · · · · · · 21과
むり(無理) 무리 · 22과

め

めいわく(迷惑) 폐, 귀찮음 · 24과
メール 메일 · 16과
めがね(眼鏡) 안경 · 24과

も

~も ~(이)나(강조) · 23과
もう 이미, 벌써 · 16과
もういちど(もう一度) 다시 한 번 · · · · · · · · · · · · · · 14과
もうすぐ 이제 곧 · 24과
もぐる(潜る①) 잠수하다 · 22과
もし 만약 · 21과
もしもし 여보세요(전화 인사말) · · · · · · · · · · · · · · · · 22과
もちろん 물론 · 20과
もつ(持つ①) 들다, 가지다 · 23과
もったいない 아깝다 · 14과
もどる(戻る①) 되돌아가[오]다 · · · · · · · · · · · · · · · · · 23과
もんだい(問題) 문제 · 19과

や

やきゅう(野球) 야구 · 21과
やくそく(約束) 약속 · 22과
やすい(安い) 싸다 · 13과
やすみ(休み) 휴일 · 15과
やすむ(休む①) 쉬다 · 13과
やせる ② 여위다, 마르다 · 21과
やぶる(破る①) 찢다 · 17과
やめる(辞める②) (일자리를) 그만두다 · · · · · · · · · · 23과
やる ① 하다 · 13과

ゆ

ゆ(湯) 끓인 물 · 16과
ゆうごはん(夕ご飯) 저녁밥 · 13과
ゆうびんきょく(郵便局) 우체국 · · · · · · · · · · · · · · · · 19과
ゆうめいだ(有名だ) 유명하다 · · · · · · · · · · · · · · · · · · 19과

ゆき(雪) 눈 · 15과
ゆしゅつする(輸出する③) 수출하다 · · · · · · · · · · · · · · · 24과
ゆびわ(指輪) 반지 · 16과

よ

~よう(用) ~용 · 20과
ようちえん(幼稚園) 유치원 · 23과
ヨーロッパ 유럽 · 14과
ヨガ 요가 · 21과
よく 자주, 잘 · 15과
よこ(横) 옆 · 17과
よごす(汚す①) 더럽히다 · 22과
よしゅう(予習) 예습 · 23과
よっぱらう(酔っ払う①) 만취하다 · · · · · · · · · · · · · · · 22과
~よね ~(하)죠 · 14과
よぶ(呼ぶ①) 부르다 · 24과
よむ(読む①) 읽다 · 15과
よやく(予約) 예약 · 16과
よやくする(予約する③) 예약하다 · · · · · · · · · · · · · · · 15과
よる(夜) 밤 · 14과
よろこび(喜び) 기쁨 · 24과
よろこぶ(喜ぶ①) 좋아하다, 기뻐하다 · · · · · · · · · · · 20과
ヨンオマウル(英語村) 영어마을 · · · · · · · · · · · · · · · · · 23과

ら

らいしゅう(来週) 다음 주 · 19과
らいねん(来年) 내년 · 23과

り

リスト 리스트 · 16과
りゅうがくする(留学する③) 유학하다 · · · · · · · · · · 23과
りょうきん(料金) 요금 · 16과
りんご 사과 · 24과

れ

れっしゃ(列車) 열차 · 15과

ろ

ロケげんば(ロケ現場) 로케이션[야외촬영] 현장 · · · · · · · · 22과

わ

わあー 와- · 18과
わかる① 알다 · 19과
わすれる(忘れる②) 잊다 · 22과
わたる(渡る①) 건너다 · 13과
わる(割る①) 깨다 · 17과